FICHES BAC

Tle

NOUVEAU BAC

Philosophie

TRONC COMMUN

Johnny Brousmiche
Professeur agrégé de philosophie

Anthony Dekhil
Professeur agrégé de philosophie

Patrick Ghrenassia
Professeur agrégé de philosophie

Justine Janvier
Professeure agrégée de philosophie

Hatier

Le site de vos révisions

L'achat de ce Fiches bac vous permet de bénéficier d'un ACCÈS GRATUIT* à toutes les **ressources** d'annabac.com (fiches, quiz, sujets corrigés...) et à ses **parcours de révision** personnalisés.

Pour profiter de cette offre, rendez-vous sur **www.annabac.com** dans la rubrique « Je profite de mon avantage client ».

* Selon les conditions précisées sur le site.

Maquette de principe : Frédéric Jély • **Mise en pages :** STDI
Cartes mentales : Vincent Landrin et David Bart
Iconographie : Sophie Suberbere, Hatier illustration
Édition : Muriel Frantz-Widmaier, Damien Lagarde

ISBN 978-2-401-06443-0

SOMMAIRE

Quand vous avez révisé une fiche, cochez la case ❐ correspondante !

L'art

Le bonheur

La conscience

Le devoir

L'État

La justice

L'inconscient

Le langage

La liberté

La nature

La raison

La religion

La science

La technique

Le travail

Le temps

La vérité

DÉPLIANT

Quatre cartes mentales avec les définitions clés, des citations et les résumés des thèses des philosophes.

- La justice
- La liberté
- La nature
- La vérité

Crédits iconographiques
7, 47, 121 Doc. Marie-Lan Nguyen (2006) • **8** Doc. www.philosovieth.de / Wikipédia • **20** Doc. 2005 - Eric Gaba for Wikimedia Commons • 21 Doc. André Hatala (1997) De eeuw van Rembrandt, Bruxelles / Crédit communal de Belgique / Wikipédia • **28, 39, 45, 52, 57h, 84, 92, 100, 125, 126, 130, 136** Doc. Wikipédia • **42** Coll. Château de Versailles / Wikipédia • **57b, 60** ph © Hannah Assouline / Opale / Leemage • **58** ph © Iselibrary / flickr • **64** Doc. D.R. / Wikipédia • **66** Coll. Alte Nationalgalerie Berlin • 73 ph © Farabola / Leemage • **53, 76** Coll. Johann Friedrich Wentzel • **111** ph © Roger Viollet Collection • **114** Doc. Dutch National Archives, The Hague, Fotocollectie Algemeen Nederlands Persbureau (ANEFO), 1945-1989 / Wikipédia • **128** Doc. Det Kongelig Bibliotek /Wikipédia • **132** © Philippe Matsas / Opale / Leemage

Dépliant
I Coll. Goethe und Schillerarchiv • **II g** Doc. Wikipédia • **II d** Coll. Alte Nationalgalerie Berlin • **III h** ph © Frederic Reglain / 2011 Gamma-Rapho / Getty-Images • **III b** Doc. Wikipédia • **V hg** Coll. Johann Friedrich Wentzel • **V hd** ph © Farabola / Leemage • **V b** Doc. www.philosovieth.de / Wikipédia • **VI h** Doc.global.britannica.com / Wikipédia • **VI m** Doc. www.philosovieth.de / Wikipédia • **VI b** Doc. Wikipédia • **VIII hg** Doc. Wikipédia • **VIII hd** Doc. Wikipédia • **VIII b** Doc. www.philosovieth.de / Wikipédia • **IX h** Doc. Wikipédia • **IX m** Doc. Wikipédia • **IX b** Doc. Wikipédia • **XI h** Doc. 2005 - Eric Gaba for Wikimedia Commons • **XI mg** Doc. Wikipédia • **XI md** Doc. Wikipédia • **XI b** Doc. Marie-Lan Nguyen (2006) / Wikipédia • **XII h** Doc. Wikipédia • **XII b** Coll. Goethe und Schillerarchiv

L'art imite-t-il la nature ?

1

☐ OK

L'art représente un domaine de l'activité humaine lié à la fabrication, qui prend des formes historiques diverses. Au sens large, c'est tout ce que l'homme ajoute à la nature. Faut-il opposer art et nature ou les voir comme complémentaires ?

I L'art imite ou suit la nature

- L'art doit imiter la nature. C'est ce qu'affirme Aristote : « Nous prenons plaisir à contempler les images les plus exactes des choses dont la vue nous est pénible dans la réalité, comme les formes d'animaux les plus méprisés et des cadavres » (*Poétique*).
- L'imitation (*mimêsis* en grec) d'une réalité, même repoussante ou effrayante, apporte un plaisir à l'esprit humain. C'est la fonction de l'art figuratif, qui s'efforce de donner l'illusion du réel. Dans l'Antiquité, le peintre Zeuxis imitait si parfaitement les raisins peints sur les murs que les oiseaux, dit-on, venaient se casser le bec sur sa peinture.
- Platon condamne cet art de l'illusion : si l'art produit de belles apparences trompeuses, il est moralement condamnable et les artistes doivent être chassés de la cité.
- À l'inverse, Kant voit la nature comme source de l'art : « La nature donne ses règles à l'art. » Pour lui, l'artiste est un interprète ou un porte-parole de la nature.

Citation

« Les poètes ne créent que des fantômes et non des choses réelles. » (Platon, *La République*)

II L'art est une création de l'esprit

Voir en la nature sa seule source, n'est-ce pas réduire l'art à un jeu stérile et à une pure virtuosité technique ? L'art, par l'intermédiaire de la main et des outils, est une création de l'esprit qui transforme notre perception du réel et nous élève à une réalité proprement spirituelle.

À noter

- Le mot grec *technè*, qui a donné **technique**, désigne la production ou la fabrication à partir de matériaux.
- Le mot grec *poïesis*, qui a donné **poésie**, désigne la création de quelque chose de nouveau.

1 L'art est dans la forme

- Pour Platon, l'art ne doit pas représenter la réalité telle qu'elle est, mais l'idéaliser. Il a un rôle d'**éducation de l'âme**, qui doit s'élever des apparences sensibles à la contemplation des Idées intellectuelles. Le beau préfigure le vrai. Plotin, disciple de Platon, insiste sur **la forme qui idéalise la matière sensible** : « Il est clair que la pierre, en qui l'art a fait entrer la beauté d'une forme, est belle non parce qu'elle est pierre […], mais grâce à la forme que l'art y a introduite. »
- La valeur de l'art est dans **la belle forme**, quel que soit l'objet représenté. Ainsi, Rembrandt peint une carcasse de bœuf écorché et Goya des « grotesques » hideux. Le beau est donc dans la forme de la représentation, et non dans la chose elle-même.

Citation

« Une beauté naturelle est une belle chose ; la beauté artistique est une belle représentation d'une chose. » (Kant)

2 L'art est une production libre de l'esprit

- Cette importance de la forme libre, indépendamment de l'objet, fait voir dans l'art une **production libre**, par opposition à la production nécessaire et mécanique de la nature et de la technique : « En droit, on ne devrait appeler art que la production par la liberté » (Kant).
- Hegel insiste sur **l'histoire de l'art comme progrès de l'esprit** vers des formes d'expression de plus en plus immatérielle, des pyramides à la musique et la poésie. Toute œuvre de l'esprit, même l'invention du clou, est pour lui supérieure à la plus habile imitation de la nature.
- Notre regard sur la nature est imprégné par l'art, au point que Hegel ou Oscar Wilde affirment que **c'est la nature qui imite l'art** : quand on admire le chant du rossignol, c'est qu'il nous semble exprimer des sentiments humains.

L'ESSENTIEL

L'art imite-t-il la nature ?

- **Aristote :** l'art **imite** la nature (*mimêsis*) et apporte du plaisir
- **Kant :** la nature est la **source** de l'art, mais la beauté de l'œuvre réside dans la forme que l'artiste lui a librement donnée
- **Hegel :** l'art **s'affranchit** progressivement de la nature et la surpasse

Qu'est-ce que le beau ? 2

☐ OK

La beauté est-elle objective ou subjective ? dans la chose même ou dans notre façon de nous la représenter ? Peut-on définir des critères de beauté ? Enfin, le beau est-il véritablement le but de l'art ?

I Le beau est objectif et utile

- Dans l'Antiquité et à l'âge classique, le beau se définit objectivement par des **règles de proportion et d'harmonie** : par exemple, un temple est beau s'il est symétrique. Pour les Grecs, le beau est, par ailleurs, associé au vrai et au bien : un homme laid ne peut avoir une âme noble.
- Dans la conception aristotélicienne, une chose est belle si elle remplit parfaitement son but : un beau cheval de course est fait pour courir vite, une belle femme est proportionnée pour faire des enfants. La beauté est une forme adaptée à sa fin.
- Mais cette conception d'une **beauté finalisée** met sur le même plan éléments naturels et objets fabriqués. Or, si les objets fabriqués servent à quelque chose, il est moins évident d'assigner une fin objective à un élément naturel. La beauté objective confond le beau et l'utile.

II Le beau est subjectif et formel

1 « Des goûts et des couleurs... »

- Chacun fait l'expérience de la relativité du beau et constate qu'il diffère selon les individus et les cultures. Une chose n'est pas belle ou laide en soi ; cela dépend de notre sensibilité.
- La beauté n'est plus une vérité, mais un **sentiment subjectif et relatif**. Elle n'est plus l'objet de la science classique, mais de l'esthétique.

> **Étymologie**
> Le mot **esthétique** est dérivé du grec *aisthèsis*, signifiant que la sensation éprouvée est le critère majeur de l'art.

2 La forme de l'œuvre d'art

- Kant remarque que, lorsque nous jugeons un objet beau, nous nous intéressons à sa forme pure, indépendamment de son contenu, voire de son existence. Le beau n'est pas dans ce qui est représenté (l'objet, le contenu), mais dans la façon de représenter.

- Le jugement esthétique est formel, non matériel : il exprime une harmonie entre notre esprit et la forme de l'objet qui nous plaît. C'est pourquoi nous pouvons trouver belles des formes abstraites, qui ne représentent rien, telle une arabesque.

III Le beau est relatif et se veut universel

1 Une exigence d'accord universel

- Le plaisir pris à la forme pure est une affaire de goût, non de connaissance. Le goût est relatif à chacun ; nous en sommes plus ou moins dotés à la naissance, mais il se cultive et s'éduque par la pratique artistique ou la fréquentation des œuvres.
- Néanmoins, le goût porte en lui une exigence d'accord universel : quand on trouve une chose belle, on exige que les autres la trouvent belle aussi, et ce sans preuves ni arguments, puisque le beau n'est pas une vérité.
- D'où des discussions interminables qui font de l'art le prétexte, selon Kant, de la recherche d'un accord subjectif universel des esprits humains.

2 Le beau est-il la seule finalité de l'art ?

Cette relativité du beau subjectif conduit à le remettre en cause comme finalité de l'art. Aujourd'hui, on dira plus souvent d'une œuvre d'art qu'elle est « intéressante » ou « originale ». Le caractère innovant semble remplacer le beau comme critère de l'art et fournir ainsi un nouveau critère objectif.

L'ESSENTIEL

Qu'est-ce que le beau ?

- **Aristote :** le beau est une forme qui est adaptée à sa fin
- **Kant :** le beau réside dans la manière dont est représentée la chose → le jugement esthétique est subjectif
- **Aujourd'hui :** le beau n'est plus la finalité de l'art, qui s'apprécie plutôt par son caractère « intéressant » ou « innovant »

L'art a-t-il une utilité ?

3

☐ OK

L'art est-il gratuit et désintéressé ou n'est-il qu'un moyen d'exprimer un message religieux, politique, etc. ?

I L'art exprime un message

- Les peintures des grottes de Lascaux avaient le pouvoir magique de favoriser la chasse. Les temples grecs ou les cathédrales gothiques devaient glorifier les dieux et soutenir la foi des croyants. Longtemps, l'art a eu une **fonction ésotérique ou religieuse**.
- Il a pu être utilisé également comme un moyen efficace au service d'un **message politique**. La publicité quant à elle soumet l'art à une utilité commerciale et véhicule un modèle de société consumériste.

À noter

Dans les années 1930 à 1960, le **réalisme socialiste** est la doctrine officielle des pays communistes en matière d'art. L'art doit glorifier la classe ouvrière et paysanne, ainsi que les exploits économiques ou militaires du régime. C'est un art de propagande.

- Cependant, vouloir faire de l'art une expression revient à en faire **un langage à interpréter**, renvoyant à une vérité rendue à travers des symboles. C'est réduire l'art à un moyen au lieu d'en faire une fin en soi.

II L'art est désintéressé

1 L'art n'a pas d'utilité

- Pour Kant, l'art et le beau doivent être désintéressés. Le beau doit être **distingué de l'utile.** On doit ainsi distinguer « **beauté libre** » et « **beauté adhérente** » : admirer une voiture de course pour sa belle ligne par un jugement de goût ; l'admirer parce qu'elle va vite par un jugement d'utilité.
- Le beau doit être aussi **distingué de l'agréable**. Le beau procure un plaisir formel (la présentation esthétique d'un plat), l'agréable apporte un plaisir matériel (l'odeur appétissante du même plat).
- Le beau doit être également **distingué du vrai**, puisqu'il est affaire de goût, et qu'il n'y a là ni preuve, ni connaissance objective (l'art n'est pas une science au sens classique du terme).

2 L'art nous détache des choses matérielles

- Enfin, pour Kant, le beau doit être distingué du bon : l'art n'est ni moral, ni immoral. Vouloir censurer *Les fleurs du mal* ou *Madame Bovary*, c'est mépriser cette indépendance et cette liberté formelle de l'art.
- Néanmoins, son caractère désintéressé en fait une introduction à la morale, en nous exerçant à nous détacher des intérêts matériels.

3 Le beau et le sublime

Si le beau nous fait goûter une forme finie et harmonieuse, le sublime nous expose à un phénomène monstrueux qui suscite en nous effroi et admiration (la mer déchaînée, la haute montagne). Le sublime est, selon Kant, l'expérience esthétique qui introduit au sentiment religieux de ce qui nous dépasse.

III Expression ou « perception brute » ?

- Pourtant, l'histoire de l'art conduit à relativiser cette conception qui fait de l'art gratuit une forme moderne du sacré. Pour Hegel, l'art – à travers son histoire – exprime l'esprit d'un peuple ; pour Marx, il représente des intérêts de classe. Pour Freud, il est l'expression de l'inconscient, des désirs refoulés et sublimés.

Mot clé

Selon la psychanalyse de Freud, la **sublimation** est l'expression de pulsions coupables sous des formes socialement valorisées, comme l'art, le sport, la science ou la politique.

- Cette interprétation de l'art comme expression est rejetée par Bergson et Merleau-Ponty, qui réaffirment la gratuité de l'art : l'art doit être « perception brute » et pure présence au monde, dégagée de considérations utilitaires.

L'ESSENTIEL

L'art a-t-il une utilité ?

- **Kant :** l'art apporte un plaisir désintéressé
- **Hegel :** l'art exprime l'esprit d'un peuple
- **Marx :** l'art exprime des intérêts de classe
- **Freud :** l'art révèle l'inconscient et les désirs refoulés

Quiz EXPRESS 4

Avez-vous bien révisé les fiches 1 à 3 ? On vérifie !

L'art

1 L'art imite-t-il la nature ?

▶ FICHE 1

1. Qu'est-ce que la *mimêsis* ?

☐ **a.** le fait qu'un artiste copie un maître

☐ **b.** une technique de dissimulation

☐ **c.** le fait que l'art imite la nature

2. Pourquoi Platon veut-il chasser les artistes de la cité ?

☐ **a.** parce qu'ils créent une réalité illusoire

☐ **b.** parce qu'ils se moquent des philosophes

☐ **c.** parce qu'ils mènent une vie dissolue

2 Qu'est-ce que le beau ?

▶ FICHE 2

1. Quels sont les critères d'une beauté classique chez les Grecs ?

☐ **a.** une richesse d'imagination

☐ **b.** une reproduction réaliste

☐ **c.** une forme harmonieuse et proportionnée

2. Parmi les affirmations suivantes, lesquelles sont vraies ?

☐ **a.** Pour Kant, le beau est subjectif.

☐ **b.** Pour Kant, la beauté doit être désintéressée.

☐ **c.** Pour Kant, le beau est relatif à chacun.

3 L'art a-t-il une utilité ?

▶ FICHE 3

1. À quoi, selon Kant, correspond le sentiment du sublime ?

☐ **a.** au respect dû aux ancêtres

☐ **b.** à l'effroi devant une nature démesurée

☐ **c.** à l'admiration devant un artiste supérieur

2. Selon Freud, qu'est-ce qui pousse les artistes à créer ?

☐ **a.** un sens idéaliste ☐ **b.** un intérêt commercial

☐ **c.** le besoin d'exprimer leurs désirs refoulés

CORRIGÉS

1 L'art imite-t-il la nature ?

1. Réponse c. Pour Aristote, la *mimêsis* est l'imitation de la nature par l'art. Par exemple, la tragédie imite les passions humaines. Dès l'enfance, l'imitation apporte un plaisir à l'homme.

2. Réponse a. Platon condamne les artistes imitateurs, car ce sont des imposteurs qui créent des illusions et une fausse réalité. Ce faisant, ils nous éloignent de la vérité des Idées.

2 Qu'est-ce que le beau ?

1. Réponse c. L'art classique, des Grecs jusqu'au XVIIIe siècle, obéit à des règles d'équilibre, de symétrie et de proportion dans une unité. Ces règles d'harmonie commandent l'agencement d'un temple grec, ou la règle des trois unités édictée pour la tragédie au XVIIe siècle.

2. Réponses a et b.

- La réponse **a** est vraie car, pour Kant, la beauté est dans le jugement du spectateur, et non dans la chose représentée.
- La réponse **b** est vraie car, pour Kant, apprécier la beauté exige de faire abstraction de l'existence et de l'utilité d'un objet, pour n'apprécier que sa forme.
- La réponse **c** est fausse car, selon Kant, même si la beauté est subjective, le jugement esthétique a une prétention universelle et exige que tous le partagent.

3 L'art a-t-il une utilité ?

1. Réponse b. Selon Kant, alors que le beau s'applique aux œuvres d'art, nous éprouvons le sentiment du sublime face à une nature démesurée, admirable et effrayante, comme une haute montagne ou des flots déchaînés.

2. Réponse c. Selon Freud, l'art est une façon sublimée d'exprimer les désirs qu'on ne peut satisfaire dans la réalité. Les artistes sont en quelque sorte des idéalistes, mais leurs motifs profonds sont des désirs inavouables et refoulés. Ils sont « névrosés ».

Mot clé

Le spectacle du **sublime** nous conduit au respect. La grandeur impressionnante de la nature produit en nous un sentiment moral de respect, mélange, selon Kant, d'admiration et de crainte.

En quoi consiste le bonheur ? 5

☐ OK

Le bonheur est aussi divers et insaisissable que nos désirs qui varient au cours de notre vie. Difficile donc d'en trouver une définition objective et universelle.

I « Au petit bonheur la chance »

1 Croyances et superstitions

- Selon l'étymologie, le mot « heur » désigne le hasard, le sort ou la fortune, et le mot « bonheur » la bonne fortune, par opposition au « malheur », littéralement « mauvais sort ». Le bonheur dépend donc du hasard aveugle ou de la providence divine.

Étymologie

Le terme grec qu'on traduit par « bonheur » suggère la même idée de chance : *eudaimonia* signifie littéralement « avoir un **bon génie** ».

- Dans cette perspective, le bonheur relève de croyances (avoir « une bonne étoile » ou un « porte-bonheur »), se manifeste de façon imprévisible et justifie le recours à des pratiques superstitieuses (devins, voyantes, horoscopes, etc.). L'homme heureux est celui qui sait « saisir sa chance ».

2 Une question philosophique

Ces superstitions très anciennes témoignent d'une aspiration universelle au bonheur. Mais les hommes se séparent sur sa définition, ainsi que sur les moyens d'y parvenir. C'est en cela que le bonheur devient une question philosophique : s'interroger sur la « vie bonne », c'est d'abord se demander ce qui est bon, ce qu'est le bien.

II Le bonheur réside dans le plaisir

- Le sens commun représente le bonheur comme la satisfaction complète des désirs : être heureux, c'est être comblé. Le bonheur serait donc un état de plaisir total.
- Ainsi, l'hédonisme d'Épicure caractérise le bonheur par le plaisir. Mais le plaisir épicurien est dans la cessation de la douleur physique et l'ataraxie (ou absence de troubles de l'âme).

Mot clé

L'**hédonisme** est une doctrine qui fait du plaisir le souverain bien, c'est-à-dire l'objectif que nous devons poursuivre pour trouver le bonheur.

- Schopenhauer reprend cette définition négative du plaisir comme absence de douleur : « L'homme le plus heureux est donc celui qui parcourt sa vie sans douleurs trop grandes, soit au moral soit au physique, et non pas celui qui a eu pour sa part les joies les plus vives ou les jouissances les plus fortes. »

III Le bonheur est un état permanent de l'âme

1 Distinguer le bonheur de la joie et du plaisir

Il est primordial de distinguer le bonheur de la joie et du plaisir. Joies et plaisirs sont multiples, occasionnels, éphémères ; le bonheur est permanent et continu. Les premiers sont des événements qui résultent de causes extérieures, tandis que le second est un état qui provient d'une façon de vivre constante et qui dépend de nous.

2 Vouloir ce qui dépend de nous

Pour les stoïciens, les passions troublent l'esprit et nous rendent esclaves de choses extérieures. Désirer ce qui « ne dépend pas de nous » nous rend forcément malheureux, car aliénés à des causes extérieures à notre volonté. Pour être heureux, le sage ne doit vouloir que ce qui dépend de lui. Il peut atteindre ainsi l'apathie (ou absence de passions).

3 Le bonheur, une fin en soi ?

Pour Aristote, la vie heureuse est une vie contemplative consacrée au savoir rationnel. En effet, la raison est la qualité spécifique de l'homme, et le bonheur est dans la réalisation parfaite de sa fin propre : « Le bonheur est quelque chose de parfait et qui se suffit à soi-même, et il est la fin de nos actions » (*Éthique à Nicomaque*).

L'ESSENTIEL

En quoi consiste le bonheur ?

- **Épicure et les hédonistes :** le bonheur est la satisfaction des désirs, vue comme cessation des douleurs (**ataraxie**)
- **Les stoïciens :** le bonheur réside dans la sagesse, qui consiste à maîtriser son désir pour se libérer des passions (**apathie**)
- **Aristote :** le bonheur est dans la réalisation de la perfection humaine (**vie contemplative**)

Le bonheur est-il une illusion ?

6

☐ OK

Il est rare de trouver des gens pleinement heureux, et la souffrance et le malheur semblent la condition humaine la plus ordinaire.

I Le bonheur est une illusion nécessaire

1 Le bonheur n'existe pas

Pour Schopenhauer, la vie oscille entre la souffrance et l'ennui, dominée par un désir tyrannique qui sacrifie l'individu à la reproduction de l'espèce. Cette vision pessimiste s'appuie sur une conception de la nature dominée par la volonté, une force obscure qui pousse chaque être vivant à se conserver en vie et à accroître sa puissance. Chez les espèces animales, elle prend la forme d'une lutte pour la vie et pour la reproduction de l'espèce.

2 L'illusion du bonheur donne un sens à la vie

Mais la conscience oblige l'homme à trouver un but à la vie individuelle. D'où l'invention du bonheur comme illusion vitale : « Il n'y a qu'une erreur innée : celle qui consiste à croire que nous existons pour être heureux. » Sans cette illusion, la vie humaine paraîtrait absurde, ce qui pourrait conduire à une extinction de l'espèce.

3 Être moins malheureux à défaut d'être heureux

Être moins malheureux reste possible pour Schopenhauer. Cela ne dépend pas des circonstances externes (argent, gloire, etc.), mais du tempérament, mélange de bonne santé et de bonne humeur.

II Le bonheur est un idéal de l'imagination

- Selon Kant, le bonheur serait « un idéal, non de la raison, mais de l'imagination. » Car la raison ne peut connaître la totalité des désirs à combler, chacun ayant une infinité de désirs différents et changeants. Aucune science du bonheur n'est donc possible.

Mot clé

L'**imagination**, selon Kant, s'oppose à la raison. Alors que la raison est universelle et semblable en tout homme, l'imagination produit des représentations subjectives, relatives à nos passions.

● Seule l'imagination peut prétendre à la mission impossible de définir ce qui pourrait rendre un individu heureux. Elle est seule à même de nourrir notre idéal subjectif de bonheur, souvent changeant et multiforme.

● Imaginer son bonheur consiste à projeter la satisfaction de ses désirs dans le futur. Cela nourrit l'espoir, mais révèle une insatisfaction dans la vie présente. Ce bonheur imaginaire donne lieu à des créations artistiques, comme les récits de science-fiction et les utopies, ou à des croyances religieuses, comme le paradis ou la résurrection.

III Un usage utilitariste du bonheur

● Certains refusent la distinction entre bonheur et plaisir, et soutiennent que le bonheur n'est rien d'autre que la quantification des plaisirs : plus on obtient de plaisirs, plus on est heureux. Bentham, fondateur de l'utilitarisme, plaçait ainsi le bonheur dans la quantité de plaisirs accumulés, quels qu'ils soient, sans aucune hiérarchie entre le plaisir d'un bon repas, d'un match de foot ou d'une symphonie de Mozart. L'individu, comme la société, recherche une « maximisation des plaisirs ».

● Son successeur, John Stuart Mill, défend au contraire une conception qualitative du bonheur, qui place les plaisirs de l'esprit au-dessus de ceux du corps. L'homme ne saurait se contenter d'une satisfaction bestiale : « Un être pourvu de facultés supérieures demande plus pour être heureux […] Il vaut mieux être Socrate insatisfait qu'un imbécile satisfait. »

● L'utilitarisme de Bentham fait du bonheur collectif le but de l'État : une société est d'autant plus heureuse qu'elle apporte plus de plaisirs au plus grand nombre. Mill penche quant à lui vers une recherche individuelle du bonheur.

L'ESSENTIEL

Le bonheur est-il une illusion ?

- **Schopenhauer :** le bonheur est une illusion qui donne sens à la vie
- **Kant :** le bonheur est un idéal subjectif de l'imagination, car la raison seule ne peut définir ce qui rendrait chaque individu heureux
- **L'utilitarisme :** qu'on le fasse dépendre de la quantité (Bentham) ou de la qualité (Mill) des plaisirs vécus, le bonheur peut se mesurer

Quiz EXPRESS

7

Avez-vous bien révisé les fiches 5 et 6 ? On vérifie !

Le bonheur

1 En quoi consiste le bonheur ?

▶ FICHE 5

1. Que signifie l'étymologie du mot « bonheur » ?

☐ **a.** bonne chance

☐ **b.** vie de plaisirs

☐ **c.** nirvana

2. Pour Aristote, le bonheur se trouve…

☐ **a.** dans le plaisir.

☐ **b.** dans une vie contemplative.

☐ **c.** dans l'aisance matérielle.

3. Comment appelle-t-on une doctrine qui pose le plaisir comme souverain bien ?

☐ **a.** un hédonisme

☐ **b.** un eudémonisme

☐ **c.** un utilitarisme

2 Le bonheur est-il une illusion ?

▶ FICHE 6

1. Selon Schopenhauer, pourquoi le bonheur est-il une illusion nécessaire ?

☐ **a.** pour donner du sens à l'existence individuelle malgré la souffrance

☐ **b.** pour inciter à la reproduction de l'espèce humaine

2. Pour Kant, le bonheur est…

☐ **a.** un idéal de l'imagination.

☐ **b.** une connaissance scientifique.

☐ **c.** une promesse divine.

3. Parmi les affirmations suivantes, lesquelles sont vraies ?

☐ **a.** L'utilitarisme affirme qu'on peut mesurer le bonheur.

☐ **b.** Selon Bentham, tous les plaisirs ne se valent pas.

☐ **c.** Selon Mill, le bonheur est une affaire privée.

CORRIGÉS

1 En quoi consiste le bonheur ?

1. **Réponse a.** Le mot « bonheur » comprend « heur », qui signifie en ancien français la chance ou le sort. Un « bon-heur » est un coup de chance ; un « mal-heur » est un mauvais coup du sort.

2. **Réponse b.** Pour Aristote, le bonheur de l'homme est dans sa perfection. Or l'essence propre de l'homme est la raison, la connaissance. Donc le plus haut bonheur humain est dans une vie contemplative, qui admire l'ordre du monde.

À noter

Pour Aristote, une **vie contemplative** n'est possible que dans une cité libre. Pour atteindre le bonheur, il faut d'abord être un bon citoyen.

3. **Réponse a.** L'hédonisme affirme que le souverain bien est le plaisir, défini comme cessation des douleurs. L'eudémonisme (du grec *eudaîmonia*, « le bonheur ») affirme que le bonheur est le but de la vie humaine, comme pour Aristote ou Spinoza. L'utilitarisme peut être vu aussi comme un eudémonisme, si l'on accepte de réduire le bonheur à l'utile et au plaisir.

2 Le bonheur est-il une illusion ?

1. **Réponses a et b.** Pour Schopenhauer, la vie est dominée par la souffrance. Mais sa conscience fait croire à l'homme que le bonheur existe pour donner un sens à sa vie, et ne pas le décourager de se reproduire.

2. **Réponses a et c.**

- La réponse **a** est vraie car, pour Kant, nous avons tous l'espoir d'être heureux, c'est donc un idéal universel, mais le contenu du bonheur varie selon l'imagination et les désirs de chacun.
- La réponse **b** est fausse car le bonheur, pour Kant, est différent selon chacun. On ne peut donc en avoir une connaissance vraie, objective et universelle.
- La réponse **c** est vraie car, dans une vie future, après la mort, nous pouvons espérer un bonheur posthume par lequel Dieu récompensera les justes.

3. **Réponses a et c.** Selon l'utilitarisme, l'addition des plaisirs permet de mesurer le degré de bonheur d'un pays. Bentham fait de la recherche du bonheur maximal d'une société un objectif politique.

Qu'est-ce que la conscience ?

8

☐ OK

La conscience est une expérience humaine qui semble irrécusable : celle de ma personne comme sujet pensant. Mais quelle est la nature de ce sujet et ce dernier reste-t-il identique à travers la modification incessante des états de conscience ? Comment se fait l'unité du *je* et est-elle propre à l'homme ?

I L'avènement du sujet : le cogito

1 La conscience comme unité d'une vie

- L'une des caractéristiques les plus remarquables de la conscience est sa permanence : c'est parce que je ne cesse d'être conscient, c'est-à-dire présent à moi-même, que je peux affirmer l'identité du moi au-delà de tous ses changements.
- Quel rapport y a-t-il entre l'enfant que j'étais et l'homme mûr que je suis devenu ? Pourquoi relier la discontinuité de tous mes états en les rapportant à l'identité d'un moi, sinon parce que ma conscience, toujours, les accompagne ?

2 La conscience comme unité des connaissances

- Le « je pense », écrit Kant, doit accompagner toutes mes représentations. La conscience se définit dès lors comme la présence immédiate et constante de soi à soi.
- Descartes souligne avec force le caractère fondateur de cette présence. Le résultat du doute méthodique entrepris dans les *Méditations métaphysiques* est de faire apparaître la certitude absolue et préalable à toute autre du « je pense » (en latin *cogito*) : je ne peux essayer de douter de cette certitude sans la vérifier, puisque si je doute, je pense.

Attention

Tandis que le doute sceptique prône une suspension définitive du jugement, le **doute méthodique** est provisoire : un moyen de mettre à l'épreuve les opinions, en vue d'établir des certitudes.

- Le sujet pensant et conscient de lui-même devient ce à partir de quoi s'ordonne toute vérité : il n'y a de connaissance possible du monde des objets que pour un sujet qui les pense et se saisit d'abord comme pensée – pour une conscience donc.

II Le produit de l'expérience

1 L'identité du moi substantiel est une illusion

- Selon Hume, l'identité du moi, comme celle du cogito cartésien, est une illusion métaphysique. Il n'existe, en effet, aucune impression, **aucune idée du moi en dehors des sensations multiples**.
- L'esprit n'est « rien qu'un faisceau ou une collection de perceptions différentes qui se succèdent les unes aux autres avec une rapidité inconcevable et qui sont dans **un flux et un mouvement perpétuels**. » Comment alors expliquer l'unité et l'identité personnelles ?

2 La conscience est le résultat de l'expérience

- Tandis que, pour Descartes, l'animal est une machine et n'a pas de conscience, Hume est moins catégorique. Il voit **une différence de degré**, et non de nature, entre l'animal et l'homme : « Les bêtes sont douées de pensée et de raison tout comme les hommes. »
- **Tout nous vient de l'expérience sensible**, que ce soit pour les hommes comme pour les animaux. En effet, à partir des perceptions, des sensations de plaisir et de douleur, l'animal acquiert lui aussi une expérience, par exemple de ce qui est bon ou mauvais, de ce qu'il doit rechercher ou fuir.
- Cette expérience sensible est **enregistrée dans la mémoire** qui assure ainsi une certaine unité à travers l'existence. La mémoire, sensible, affective et intellectuelle, produit l'identité empirique d'un individu en reliant les idées passées et présentes. Cela vaut, à des degrés différents, pour les plantes, les animaux et les hommes.

L'ESSENTIEL

Qu'est-ce que la conscience ?

→ La permanence de la conscience permet la pensée et l'identité du moi.
- **Descartes** : certitude absolue et préalable du « je pense » (*cogito*)
- **Kant** : présence immédiate et constante de soi à soi

→ L'identité du moi est une illusion métaphysique.
Hume : l'esprit est le produit de perceptions multiples et changeantes dans la mémoire et l'imagination

Comment se manifeste la conscience ?

9

☐ OK

Quel est l'objet de la conscience ? La conscience est-elle un rapport immédiat de soi à soi, ou suppose-t-elle un détour par des personnes ou des objets extérieurs, une médiation ?

I La conscience comme « visée de » ou « relation à »

1 Les limites de la conscience comme forme vide

- Le sujet peut-il se saisir comme conscience, comme sujet pensant, par simple retour sur soi, par simple introspection, indépendamment de tout rapport aux choses ou à autrui ?
- Ces questionnements soulignent la faiblesse d'une conscience fondée sur une simple introspection coupée du monde, d'une conscience isolée comme substance autosuffisante et comme forme vide.

> **Mot clé**
> L'**introspection** est une vue intérieure, le fait, pour un sujet, d'observer et d'analyser ses états de conscience en vue de se connaître lui-même.

- Descartes sortira du doute grâce à la découverte de la véracité divine. Il pourra dès lors compléter sa conception première du cogito par la connaissance du monde.

2 La conscience comme intentionnalité

- La conception chosifiante de la conscience est critiquée par la phénoménologie de Husserl. Si Descartes a eu raison de vouloir mettre le monde entre parenthèses pour redécouvrir le caractère fondateur de la conscience, son tort, d'après Husserl, a été de considérer la conscience comme une chose pensante pouvant exister par elle-même, indépendamment des choses matérielles.

> **Mot clé**
> Une **phénoménologie** est une philosophie qui s'attache à décrire les phénomènes, c'est-à-dire ce qui apparaît à la conscience.

- Pour Husserl, la conscience ne peut être une chose refermée sur elle-même : elle est une visée ou une relation ouverte. Elle n'est pas une substance, mais un acte, défini par son « intentionnalité ». Dans ses *Méditations cartésiennes*, Husserl écrit que « toute conscience [...] est conscience de quelque chose. »

II Les manifestations de la conscience

1 La conscience du monde par l'action

- La conscience présuppose le monde : nous nous reconnaissons d'abord dans nos actions sur les choses, par le langage et le travail. Loin d'être un présupposé, **la conscience est un résultat**, le produit d'une expérience de confrontation et de transformation du monde.
- Hegel insiste sur cette condition essentielle d'une conscience de soi véritable : **le monde est une médiation nécessaire** entre nous et nous-mêmes. En effet, il ne s'agit pas d'un monde brut et naturel, mais d'un monde que nous avons façonné et qui porte la marque de l'esprit.
- C'est une véritable « lutte pour la reconnaissance », un combat à mort que, d'après Hegel, l'homme mène pour s'imposer à l'autre comme conscience. La conscience de soi passe par le fait qu'autrui me reconnaisse comme un être libre.

2 La conscience comme liberté

- Sartre s'oppose lui aussi à la chosification de la conscience. Les objets sont entièrement déterminés par leurs propriétés et ne peuvent rien être d'autre que ce qu'ils sont. Ils sont, comme dit Sartre, « **en-soi** ». **Leur essence précède leur existence.**
- Le sujet conscient est un « **pour-soi** » : il n'est pas enfermé dans une définition. Parce qu'il est conscient, l'homme est projet, dit Sartre, et non objet. Il n'est pas produit passivement par sa naissance, sa famille ou la société, comme un animal ou un robot ; il est avant tout le choix conscient de sa vie. **L'existence de l'homme précède son essence.**

L'ESSENTIEL

Les manifestations de la conscience

- **Descartes :** l'introspection me rend conscient de mon esprit comme **substance pensante**
- **Hegel :** le monde est une **médiation nécessaire** entre nous et nous-mêmes
- **Husserl :** la conscience n'existe pas par elle-même, elle est une **intentionnalité**
- **Sartre :** le sujet conscient est « **pour-soi** », il n'est pas défini une fois pour toutes mais choisit librement sa vie

La conscience fonde-t-elle la morale ?

10

☐ OK

Rabelais disait que « science sans conscience n'est que ruine de l'âme. » C'est dire que la connaissance seule n'a aucune valeur et peut servir au bien comme au mal. La conscience s'adjoint à la science pour la juger et la guider, comme elle le fait pour nos actes et ceux d'autrui.

I La conscience comme juge moral

1 La conscience, un instinct divin

- « Conscience ! Conscience ! Instinct divin, immortelle et céleste voix ; guide assuré d'un être ignorant et borné, mais intelligent et libre ; juge infaillible du bien et du mal, qui rend l'homme semblable à Dieu. » Rousseau célèbre ainsi la conscience dans *Émile ou de l'éducation*.
- Dans la Bible, Caïn, après avoir tué son frère Abel, est poursuivi par la conscience de la faute commise. Elle prend la figure vengeresse de l'œil de Dieu, qui ne le quitte jamais. Ce récit rappelle que la conscience est **un juge intérieur auquel nous n'échappons pas** et qui nous dit coupables ou innocents par-delà les lois humaines.

2 La conscience morale selon Kant

- Pour Kant, la conscience repose sur la raison et sur la bonne volonté.
- La **raison** nous dicte la loi morale, qui veut que toute action morale obéisse à une forme universelle. C'est **l'impératif catégorique** : « Agis uniquement d'après la maxime qui fait que tu peux vouloir en même temps qu'elle devienne une loi universelle » ▶ FICHE 13.

> **Mot clé**
> La **maxime** est un principe subjectif de l'action. Elle traduit la loi morale en l'appliquant à une situation particulière.

- La **bonne volonté** choisit le bien. Elle consiste dans la pureté des intentions désintéressées qui dictent mon action.

II La conscience morale affaiblit la vie

- Pour Nietzsche, la conscience morale consiste en des **sentiments de culpabilité et de ressentiment** qui affaiblissent les forts, en les convainquant que leur puissance est un mal.

Nietzsche **critique la mauvaise conscience** liée au sentiment de culpabilité, qui conduit à retourner sa force contre soi-même. Elle produit l'idéal ascétique : une « morale d'esclaves » d'origine judéo-chrétienne, visant à inverser les valeurs et à voir comme un bien tout ce qui est faible et malade.

III La conscience comme produit d'un conditionnement

Pour Durkheim, la conscience morale est le fruit de l'éducation, qui permet d'intégrer l'enfant à une société. La conscience est **l'intériorisation des règles de fonctionnement social**, elle peut donc être variable d'une société à l'autre.

Pour Freud, la conscience morale est aussi le résultat d'une éducation qui inhibe et **refoule les pulsions condamnées par la société**, et qui intériorise les interdits, comme le tabou de l'inceste. Cette conscience est incarnée par ce que Freud appelle le moi, qui fait en quelque sorte tampon entre, d'une part, l'inconscient et, d'autre part, le surmoi ▶ FICHE 25.

Mot clé

Le **surmoi** est l'une des trois instances de la vie psychique, avec le ça et le moi. Il est l'autorité morale intériorisée, qui pose des normes et des règles, qui guide et juge l'action du moi.

Si la conscience morale est le fruit d'un conditionnement, elle devient **contingente et relative**. Elle perd alors l'exigence d'universalité voulue par Kant.

L'ESSENTIEL

La conscience fonde-t-elle la morale ?

- **Rousseau :** la conscience nous élève au divin
- **Kant :** la bonne volonté choisit le bien, la raison nous dicte la loi morale
- **Nietzsche :** la « mauvaise conscience » affaiblit la vie et la volonté de puissance par la culpabilité et le ressentiment
- **Freud :** le conscient est refoulement des pulsions (le moi)

Quiz EXPRESS

11

Avez-vous bien révisé les fiches 8 à 10 ? On vérifie !

La conscience

1 Qu'est-ce que la conscience ?

▶ FICHE 8

1. Pourquoi le cogito est-il selon Descartes la première certitude indubitable ?

- ☐ a. Si je pense quelque chose, ce quelque chose existe nécessairement.
- ☐ b. Douter que je pense, c'est déjà penser.
- ☐ c. Penser empêche de douter.

2. Hume pense que la conscience est partagée par les animaux parce que…

- ☐ a. les animaux ont une âme.
- ☐ b. les animaux sont capables d'une conduite affectueuse.
- ☐ c. toute conscience vient de l'expérience sensible.

2 Comment se manifeste la conscience ?

▶ FICHE 9

Parmi les affirmations suivantes, laquelle est vraie ?

- ☐ a. D'après Husserl, la conscience est une substance.
- ☐ b. Pour Sartre, la conscience est une connaissance de soi.
- ☐ c. L'introspection est un moyen de se connaître par l'observation de ses états de conscience.

3 La conscience fonde-t-elle la morale ?

▶ FICHE 10

1. La morale suppose la conscience parce que celle-ci…

- ☐ a. me permet de juger mes actes selon le bien et le mal.
- ☐ b. me permet de connaître mes intérêts.
- ☐ c. me rend plus fort au sein de la nature.

2. Selon Kant, la raison apporte à la conscience morale…

- ☐ a. le fait de mieux se connaître soi-même.
- ☐ b. le fait de réconcilier la morale et la science.
- ☐ c. le fait d'exiger d'obéir à une loi universelle.

CORRIGÉS

1 Qu'est-ce que la conscience ?

1. **Réponse b.** Le doute méthodique, pour Descartes, implique de douter de tout, même des mathématiques. Mais on ne peut douter qu'on pense quand on doute. Donc le cogito (je pense) est la première certitude.

2. **Réponse c.** Pour Hume, tout notre esprit vient de l'expérience sensible. Les animaux ont eux aussi des perceptions et une expérience qui produisent chez eux une pensée et une conscience à un moindre degré.

2 Comment se manifeste la conscience ?

Réponse c.
- La réponse **a** est fausse. Pour Husserl, la conscience est un acte et non une substance comme chez Descartes.
- La réponse **b** est fausse. Pour Sartre, la conscience est un projet d'existence libre et la liberté n'est pas un objet de connaissance.
- La réponse **c** est vraie : l'introspection, ou regard intérieur, consiste à observer les modifications de sa vie psychique.

À noter

Auguste Comte critique l'**introspection** en disant qu'on ne peut être à la fois observateur et objet de l'observation. Une connaissance objective suppose une distinction entre le sujet et l'objet.

3 La conscience fonde-t-elle la morale ?

1. **Réponse a.** La conscience est un juge intérieur de nos intentions et de nos actions selon le bien et le mal, ce qui est l'essence du jugement moral.

2. **Réponse c.** Pour Kant, la raison ne connaît que des lois universelles, ce qui, appliqué à la morale, lui permet d'échapper au relativisme des inclinations subjectives et des intérêts particuliers.

Le devoir est-il une contrainte ou une obligation ?

12

☐ OK

Le devoir présente une ambiguïté. « Je *dois* toujours dire la vérité » énonce un devoir moral, l'acte d'une volonté libre déterminée par la seule idée du bien ou de la loi. En revanche, « la comète de Halley *doit* repasser tous les 76 ans » formule une anticipation, un phénomène à venir soumis à la nécessité.

I Le devoir comme contrainte

1 Une contrainte sociale

Le devoir est généralement vécu comme une contrainte institutionnalisée : l'élève doit faire ses devoirs avant d'aller jouer ; le salarié doit travailler pour gagner sa vie ; le commerçant doit voyager pour trouver des clients.

> **Mot clé**
> Une **contrainte** désigne l'exercice d'une force extérieure qui impose ou empêche une action ou un mouvement.

2 Une contrainte physique

- Le devoir désigne ici une nécessité : c'est une contrainte objective qui s'impose à moi. Je suis matériellement déterminé, tout comme une pierre jetée en l'air doit retomber.
- Dans cette perspective, le devoir n'a aucun sens moral. C'est ce que Kant nomme l'hétéronomie, c'est-à-dire le fait d'obéir à une loi extérieure à sa volonté.

II Le devoir comme obligation morale

- Tandis qu'on se soumet à une contrainte, on obéit librement à une obligation. Dans le second cas, le devoir résulte d'un libre choix. C'est ce que Kant nomme l'autonomie – du grec *auto* (« soi ») et *nomos* (« loi ») –, qui désigne l'obéissance à sa propre loi.
- Le verbe « devoir » vient du latin *debere* (« être en dette »), ce qui inscrit le devoir dans un échange et une rétribution. Faire son devoir exige d'aller contre ses désirs égoïstes et ses sentiments intéressés. Le devoir implique souvent l'idée de sacrifice au nom d'un idéal supérieur, du bien ou d'une loi universelle. C'est pourquoi Nietzsche dit du

devoir kantien que « l'impératif catégorique a un relent de cruauté » ▶ FICHE 13. Il y voit l'origine de la culpabilité et de la faute en morale.

- Il en ressort : que le devoir moral doit être distingué des contraintes matérielles ou sociales, qu'il s'oppose au plaisir et qu'il suppose un libre choix de la volonté.

III Le devoir moral comme résistance au désir

- Le devoir moral suppose une résistance à un désir. Il est **une mise à l'épreuve de la volonté** et quelqu'un sans tentation ni désir ignorerait tout du devoir, donc de la moralité.
- L'animal ne connaît pas le devoir moral non plus. Il a bien des instincts, mais qui ne sont limités que par la nécessité extérieure (un rival plus fort), et non par une volonté libre intérieure.
- L'épreuve du devoir suppose une double nature humaine, un conflit intérieur entre une volonté raisonnable et des désirs honteux, entre ce que Kant appelle une **nature intelligible** d'une part et une **nature pathologique** d'autre part, laquelle subit les passions.
- L'expérience du devoir passe par **le sentiment de honte**, qui signale ce qu'on ne doit pas faire. À l'inverse, l'absence de honte signale l'absence de tout sens moral, supprimant toute limite et tout interdit à l'action et conduisant à l'amoralité. Cette dernière signifie une indifférence au bien et au mal, qu'il ne faut pas confondre avec l'immoralité, qui désigne le choix de violer les devoirs moraux.

L'ESSENTIEL

Le devoir est-il une contrainte ou une obligation ?

Kant : le fait d'obéir à une contrainte extérieure (**hétéronomie**) est une nécessité qui n'a pas de sens moral ; à l'inverse, faire son devoir revient à choisir librement sa propre loi (**autonomie**)

Nietzsche : le devoir kantien a un « relent de **cruauté** » car il suppose de sacrifier ses désirs et ses plaisirs au nom d'un idéal supérieur

Le devoir est-il absolu ou relatif ?

13

☐ OK

Tantôt contrainte, tantôt obligation, le devoir varie selon la situation et la forme de la volonté. On peut se demander si le devoir moral est absolu ou s'il tolère des degrés d'obligation, selon la situation et le sujet concerné. Peut-on distinguer différents types de devoirs ?

I Le devoir comme impératif catégorique

1 Un devoir formel, universel et inconditionné

- Agir par devoir, c'est supposer que tous puissent agir comme moi et réciproquement. Par exemple, si je m'interdis de mentir (devoir de véracité), je peux exiger que tous également disent la vérité. Si j'exige que les autres me disent la vérité, je dois aussi l'exiger de moi-même.
- Tout devoir possède un contenu particulier qui doit pouvoir prendre une forme d'obligation universelle. Qu'il s'agisse du mensonge, du vol, ou encore du meurtre, l'interdit doit être universalisable pour être moral. D'où la formulation kantienne de l'impératif catégorique : « Agis uniquement d'après la maxime qui fait que tu peux vouloir en même temps qu'elle devienne une loi universelle. »
- Cet impératif est catégorique : il est inconditionné et aucune excuse ne doit m'empêcher d'y obéir.

À savoir

Le **mensonge**, pour Kant, est le mal radical. Mentir revient à traiter autrui en objet et non en personne libre.

Mot clé

Le terme **catégorique** s'oppose à hypothétique. Aucun *si* dans l'impératif catégorique : « Je fais mon devoir parce que c'est mon devoir ! »

2 Le *katortoma* des stoïciens

- Les stoïciens, comme Chrysippe ou Épictète, appellent *katortoma* le devoir proprement moral, qui est absolu : il s'applique à toutes les situations, à travers l'effort de bien faire, peu importe le contenu de l'action. D'un point de vue strictement moral, une faute d'orthographe est aussi grave qu'un meurtre.
- Cette rectitude morale est le propre du sage. Mais, disent les stoïciens, il n'est pas certain qu'un sage ait un jour existé, tant la pureté exigée paraît surhumaine.

II Les devoirs relatifs

1 Le *kathêkonta* des stoïciens

- Les stoïciens différencient du *katortoma* les *kathêkonta*, ou **devoirs d'état**, comme le devoir des parents d'éduquer leur enfant, ou le devoir du soldat de défendre son pays. Il s'agit là de devoirs sociaux liés à un rôle et à une responsabilité particuliers. Ils sont donc **relatifs**.
- Ces devoirs relatifs **recherchent le préférable** ou le convenable et fuient ce qui est nuisible. Par exemple, j'ai le devoir de protéger ma santé et je dois éviter les amis qui me trahissent.

À noter

Entre les préférables et les nuisibles, les stoïciens situent **les indifférents**, qui ne sont pas objets de devoir : il m'est indifférent d'avoir des cheveux en nombre pair ou impair, je n'ai donc aucun devoir en la matière.

2 Le devoir selon la sociologie

- Ces devoirs relatifs ne dépendent pas d'un bien ou d'un mal absolu. Ils intéressent davantage la sociologie que la morale, il s'agit plus de **ce qu'il convient de faire**, selon le lieu et le moment, que de ce qu'on *doit* faire universellement.
- Le sociologue Durkheim estime que les devoirs sont **l'intériorisation des règles de la société**, en particulier au moyen de l'éducation. Ils sont donc relatifs à chaque société. Par exemple, on peut considérer que le devoir de respecter le bien d'autrui correspond à l'exigence d'une société fondée sur la propriété privée.

L'ESSENTIEL

Le devoir est-il absolu ou relatif ?

- **Kant :** suivant l'impératif catégorique, le devoir et l'interdit doivent être universels pour être moraux
- **Les stoïciens :** le *katortoma* est le devoir moral absolu, à distinguer des *kathêkonta*, relatifs à une situation et un état
- **Durkheim :** le devoir, dans la mesure où il découle de l'intériorisation des règles sociales, est propre à chaque société

Est-ce l'intention ou le résultat qui compte ?

14

☐ OK

Selon quel critère évaluer le devoir moral ? Pour les uns, la vertu est dans l'intention, peu importe le résultat. Pour d'autres, la morale ne peut pas se désintéresser des conséquences de nos actions.

I La vertu est dans l'intention

1 Le devoir est désintéressé

- Si le devoir est désintéressé, comme le veut Kant, peu importe le résultat. Ainsi, mon devoir est de porter secours à quelqu'un qui se noie. « N'écoutant que mon devoir », je tente de toutes mes forces de le sauver, mais le courant est fort, le corps lourd… j'échoue, j'aurai fait tout mon possible, et je peux considérer que j'ai fait mon devoir.
- La valeur morale du devoir ne dépend pas de la réussite ou de l'échec. Elle réside dans l'intention et dans l'effort de la volonté pour réaliser cette intention. Mais l'effort doit réellement accompagner l'intention, sans quoi nous nous contentons d'une bonne conscience.

2 Ce qui dépend de nous et ce qui ne dépend pas de nous

- Cette distinction stoïcienne réserve à la morale la part de notre action qui dépend de nous. Ainsi, la valeur morale de l'action et le devoir purement moral (le *katortoma*) résident uniquement dans la droiture de la volonté, non dans le résultat. Il dépend de l'archer de bien viser, mais pas d'atteindre la cible, car un coup de vent peut détourner la flèche.
- Notons que, pour les stoïciens, les biens extérieurs, y compris notre corps, ne dépendent pas de nous, mais du hasard ou du destin. Par conséquent, nous n'avons ni pouvoir ni responsabilité morale sur eux.

II La vertu est dans les conséquences

1 L'éthique objective de Hegel

- Hegel reproche à Kant le « formalisme » du devoir abstrait, qui renonce à agir sur le monde extérieur. Cette morale « abstraite » se coupe de l'extériorité et s'oppose à la politique et à l'histoire. C'est ce qu'il nomme ironiquement « la belle âme ».

Mot clé

Par l'expression **belle âme**, Hegel critique l'idée de faire son devoir en se désintéressant du résultat de son action sous prétexte de rester pur.

- Pour lui, le devoir doit **se juger aussi aux résultats objectifs**. Ainsi, la morale doit se prolonger dans le droit et la politique, et viser à changer le monde. La liberté doit se réaliser dans l'histoire, et non rester purement subjective et intérieure.
- **L'intention ne suffit pas**, si elle ne se donne pas les moyens de réussir. Le devoir doit accepter de « se salir les mains » par la prise en compte de la réalité extérieure : dans certains cas, la fin justifie les moyens.

2 L'utilitarisme

- L'utilitarisme de Bentham et de John Stuart Mill soutient que **la valeur morale de l'action dépend de son utilité**, donc de ses conséquences pour le bonheur de l'individu et de la société.
- De bonnes intentions peuvent produire des catastrophes. Inversement, on peut faire le bien avec des intentions malhonnêtes, comme le trafiquant qui enrichit son pays, faisant le bien (économique) à un certain niveau.
- « Les vices privés font la vertu publique », écrivait Mandeville, signifiant par ces mots que les passions égoïstes favorisent la prospérité de tous. De même, Hegel évoque une « ruse de la raison » à propos du rôle moteur des passions immorales, comme l'ambition ou la cupidité, dans le progrès de la liberté en histoire.
- On appelle **conséquentialistes** les doctrines qui jugent de la moralité d'un acte à ses conséquences. Mais ici le risque est grand que « la fin justifie les moyens », ce que refuse la morale.

L'ESSENTIEL

Est-ce l'intention ou le résultat qui compte ?

- **Kant :** le devoir est désintéressé, sa valeur réside dans l'**intention** et dans l'effort, non dans le résultat de l'action
- **Hegel :** le devoir doit se juger à ses **résultats**, et la morale se prolonger dans le droit et la politique
- **L'utilitarisme :** la valeur morale d'une action dépend de son **utilité** et de ses conséquences pour le bien-être de l'individu et de la société

Quiz EXPRESS 15

Avez-vous bien révisé les fiches 12 à 14 ? On vérifie !

Le devoir

1 Le devoir est-il une contrainte ou une obligation ?

FICHE 12

1. L'étymologie du mot « devoir » signifie...

☐ a. prévision. ☐ b. dette. ☐ c. doute.

2. Pour Nietzsche, le devoir est une...

☐ a. contrainte. ☐ b. souffrance. ☐ c. obligation.

2 Le devoir est-il absolu ou relatif ?

FICHE 13

1. Pour Kant, que dit l'impératif catégorique ?

☐ a. « Tu dois... » ☐ b. « Il convient de... »

☐ c. « Il est prudent de... »

2. Pour les stoïciens, tous les devoirs sont...

☐ a. relatifs. ☐ b. absolus.

3 Est-ce l'intention ou le résultat qui compte ?

FICHE 14

1. Pourquoi Kant refuse-t-il de faire du résultat de l'action un critère moral ?

☐ a. parce qu'il ne dépend pas de ma volonté

☐ b. parce que le résultat peut contredire l'intention

☐ c. parce que la morale est désintéressée

2. Comment appelle-t-on une doctrine qui fait du résultat d'une action le critère de moralité ?

☐ a. un eudémonisme ☐ b. un idéalisme

☐ c. un conséquentialisme

3. Qu'est-ce qui, selon Kant, distingue la morale de l'éthique ?

☐ a. La morale impose un devoir absolu.

☐ b. La morale étudie les mœurs humaines.

☐ c. La morale ne vise pas le bonheur.

CORRIGÉS

1 Le devoir est-il une contrainte ou une obligation ?

1. Réponse b. Le mot « devoir » vient du latin *debere*, qui signifie « être en dette ». Devoir contient donc l'idée de rétribution dans le cadre d'un échange.

2. Réponses a et b. Pour Nietzsche, le devoir est une souffrance résultant de la contrainte et de la peur, infligées par celui qui dicte le devoir (le « créancier »).

2 Le devoir est-il absolu ou relatif ?

1. Réponse a. L'impératif prend la forme d'un commandement absolu. Il se différencie des conseils ou des recommandations, qui relèvent des convenances ou de la prudence, non de la morale.

2. Aucune réponse. Pour les stoïciens, à côté des devoirs d'état (*kathêkonta*) qui sont relatifs, existe le *katortoma* qui est le devoir proprement moral et absolu.

3 Est-ce l'intention ou le résultat qui compte ?

1. Réponses a et c. Le résultat d'une action ne dépend pas de moi, donc il ne comporte aucun mérite moral. C'est pourquoi le devoir est désintéressé. On ne tient pas compte du résultat, quel qu'il soit.

Mot clé

Désintéressé, chez Kant, qualifie non seulement un acte qui ne vise pas un but extérieur à l'action, mais aussi un acte qui n'est pas mû par des désirs ou des intérêts. Un tel acte pur n'a sans doute jamais existé, mais il faut y tendre.

2. Réponse c. Le conséquentialisme retient les conséquences ou le résultat bon ou mauvais d'une action pour juger de sa moralité. Il s'oppose à l'intentionnalisme (Kant) pour qui seule compte l'intention.

3. Réponses a et c. Selon Kant, le devoir moral est absolu et ne vise pas le bonheur, puisqu'il est désintéressé. L'éthique est l'étude et la régulation des mœurs.

Peut-on vivre en société sans État ?

16

☐ OK

L'État exerce une autorité qui contraint notre liberté d'action dans le but d'organiser la vie des hommes en société. Pourrait-on se passer d'une telle autorité ?

I Penser une société sans État

- L'opinion commune déplore en de nombreuses occasions l'exercice du pouvoir de l'État. Les lois, au moyen desquelles l'État impose les règles de fonctionnement de la société, seraient toujours imparfaites voire injustes ; surtout lorsqu'elles exigeraient de nous ce que nous n'avons pas nécessairement envie de faire. Pensons au respect strict du Code de la route, à l'acquittement des impôts et des taxes, etc.
- Mais cette critique naïve de l'autorité étatique ne peut suffire à fonder une remise en cause profonde de l'État, car elle est d'abord guidée par un intérêt particulier et non par le bien commun.
- Ce sont les penseurs anarchistes qui ont formulé la critique la plus radicale de l'État. Pour Proudhon, l'autorité de l'État est par nature illégitime, dans la mesure où les hommes sont spontanément capables de vivre en paix et en harmonie. Autrement dit, si nous sommes foncièrement bons et sociables, bienveillants à l'égard de nos semblables, rien ne justifie qu'une autorité supérieure nous impose des règles de vie en société. On peut donc se débarrasser de l'État.

À noter

La société anarchiste n'a ainsi rien d'un chaos social : elle serait, pour Proudhon, « le plus haut degré d'ordre et de liberté auquel l'humanité puisse parvenir. »

II L'État, rempart contre la violence

Pourquoi paraît-il si difficile de se passer de l'autorité de l'État ?

1 À l'état de nature : vivre dans la crainte et la violence

- Hobbes, dans le *Léviathan,* conceptualise la situation qui précède l'instauration de l'État : on parle d'état de nature. Les hommes y vivent sans lois et dans une égalité parfaite : chacun jouit du même droit à disposer de toute chose. Rien n'empêche donc le vol ou le meurtre, et les hommes se livrent une guerre perpétuelle pour posséder le plus de biens possible.

À savoir

L'**état de nature** est une expérience de pensée qui n'a pas de valeur ni de réalité historique. Sa fonction est heuristique : il nous permet de réfléchir à ce que doit être le rôle de l'État.

- Cet état semble **peu désirable** : les hommes emploient en effet leur temps à se protéger et à protéger leurs biens dans la crainte d'une mort violente. S'ils sont doués de passions – ce qui leur fait désirer de toujours accroître leur puissance –, les hommes sont aussi doués de raison – ce qui leur fait comprendre que l'état de nature n'est pas le meilleur état possible. Ils sont donc conduits à **s'unir par un pacte** qui les prémunira de la violence d'autrui.

2 Le rôle de l'État : assurer la sécurité des citoyens

- Pour éviter de se nuire les uns aux autres, les hommes délèguent leur droit naturel et leur puissance d'agir à une **autorité supérieure**. Seule cette puissance souveraine, à la tête de l'État, pourra se montrer violente, en vue d'assurer la sécurité de tous. De fait, le Souverain n'aliène son droit naturel à personne : il subsiste en dehors du contrat. L'institution de l'État repose donc sur un acte de soumission.
- Pour Hobbes, le passage de l'état de nature à l'état civil, grâce à la mise en place d'un État, permet donc aux hommes de se libérer de leurs penchants belliqueux pour vivre en paix. Dans l'état civil, ce n'est pas la possession du plus grand nombre de biens qui fait le bonheur des hommes, mais la **tranquillité d'une vie réglée par des lois** et par la crainte de la sanction que ces lois inspirent.

L'ESSENTIEL

Peut-on vivre en société sans État ?

Proudhon : les hommes étant spontanément capables de vivre en paix et en harmonie, l'autorité de l'État est illégitime

Hobbes : l'homme étant un loup pour l'homme, l'institution de l'État est le meilleur rempart contre la violence

L'État fait-il obstacle à ma liberté ?

17

☐ OK

Parce qu'il dispose du droit d'imposer la loi, l'État apparaît généralement comme une force contraignante et parfois liberticide. Mais les lois ne nous aident-elles pas aussi à être libres ?

I L'État juste fonde et protège la liberté du citoyen

- L'État peut faire obstacle à ma liberté s'il a pour seule finalité la sécurité. Les citoyens courent alors le risque de se voir privés de toutes leurs libertés et de devenir prisonniers d'un État autoritaire.
- Dans *Du contrat social*, Rousseau montre que l'État ne peut pas se contenter d'assurer la protection des citoyens : « On vit tranquille aussi dans les cachots ; en est-ce assez pour s'y trouver bien ? »
- La thèse défendue par Rousseau repose sur la possible conciliation de l'autorité de l'État et de la liberté du citoyen. Le but de l'institution de l'État n'est autre que la fondation et la préservation de la liberté des citoyens, au cœur de notre humanité.

Citation

« Renoncer à sa liberté, c'est renoncer à sa qualité d'homme. » (Rousseau, *Du contrat social*)

II L'idéal démocratique permet l'affirmation d'une liberté civile

1 Les conditions d'institution de la démocratie

- Pour Rousseau, les hommes doivent s'associer les uns aux autres avant de se soumettre à une autorité politique. En s'unissant, ils forment le peuple de la démocratie. Autrement dit, chaque citoyen est à la fois sujet et souverain : il participe aux décisions politiques et ces décisions s'appliquent aussi à lui.

Mot clé

Le mot **démocratie** vient du grec *demos* (« peuple ») et *cratos* (« pouvoir »). Si elle est directe, tous les citoyens s'impliquent, si elle est indirecte, des représentants sont élus.

- En concluant un tel pacte, les hommes échangent leur liberté naturelle contre une liberté civile garantie par les institutions : nul ne peut les priver de leurs droits sans subir la contrainte du corps politique tout entier.

2 L'expression libre de la volonté du peuple

- Mais comment la liberté individuelle peut-elle se satisfaire des décisions du peuple ? En réalité, lorsqu'ils votent les lois, les citoyens doivent se placer du point de vue de l'ensemble du corps social : c'est ce que Rousseau appelle la volonté générale.

- Autrement dit, lorsque nous nous soumettons aux lois, nous le faisons parce que nous comprenons qu'elles défendent l'intérêt de la société entière. En s'acquittant de ses impôts, le citoyen sait par exemple qu'il permet le fonctionnement des institutions et des services publics. Ainsi, la loi n'est plus une contrainte mais une obligation, une règle que le citoyen se donne à lui-même.

III Les dérives de la démocratie

- Dans l'entre-deux-guerres émergent des systèmes politiques totalitaires qui s'emploient à nier la liberté des citoyens et à absorber l'ensemble de la sphère sociale. Or ces régimes se sont développés au sein du cadre démocratique, en s'appuyant notamment sur des victoires électorales. Comment les citoyens en viennent-ils à se déposséder eux-mêmes de leur liberté ?

- D'après Arendt, le totalitarisme est moins une exacerbation du pouvoir étatique que le signe d'un dépérissement du corps politique. La naissance d'une société de masse, l'isolement des citoyens et l'absence de débat ont permis la naissance de ces organisations politiques totales.

- Si la démocratie permet en droit l'expression de la liberté de chaque citoyen, ce n'est en fait possible que si les citoyens se saisissent du cadre démocratique pour participer activement à la vie politique et débattent des valeurs et des règles qui doivent régir la société.

L'ESSENTIEL

L'État fait-il obstacle à ma liberté ?

- **Rousseau :** l'État démocratique constitue la **condition de possibilité** de la liberté individuelle
- **Arendt :** l'État devient une **menace** pour la liberté lorsqu'il absorbe toute la sphère politique et dessaisit les citoyens du débat démocratique

L'État peut-il faire le bonheur des citoyens ?

18

☐ OK

L'action publique est-elle étrangère à la sphère privée ? Le bonheur a-t-il une dimension politique ?

I L'autorité de l'État peut entraver le bonheur

- Toutes les formes étatiques ne permettent pas l'expression de la liberté individuelle. Certaines peuvent même aller jusqu'à priver les citoyens des conditions minimales du bonheur : le droit de préserver leur vie et de poursuivre la satisfaction de leurs aspirations privées.
- Quand il défend des intérêts particuliers et non le bien du peuple, l'État devient un obstacle au bonheur. Il fait alors le bonheur des uns au détriment de celui des autres. Pour Engels, l'État est l'instrument par lequel les classes bourgeoises dominantes policent et répriment les classes ouvrières pour les mettre au service de leur propre bonheur. C'est alors seulement en renversant l'État capitaliste que la classe ouvrière pourrait envisager une vie heureuse.

II Permettre à chacun de chercher le bonheur

1 Le bonheur est avant tout une affaire privée

- Kant nous invite à ne pas confondre ce qui relève de la sphère publique et de la sphère privée. Nous ne pouvons pas attendre de l'État qu'il fasse notre bonheur, car cela ne relève pas de ses prérogatives.
- L'État qui prétendrait légiférer les affaires privées au point d'être la condition nécessaire et suffisante de notre bonheur serait ainsi « le plus grand despotisme que l'on puisse concevoir. » En accordant aux hommes le bonheur, l'État les priverait aussi de la liberté de le chercher et de le définir pour eux-mêmes.

2 Ne pas empêcher la poursuite individuelle du bonheur

Si l'État ne peut pas faire le bonheur des citoyens sans tomber dans une forme de gouvernement paternaliste qui les prive de leur autonomie, il n'est pas pour autant étranger à ce bonheur individuel. L'État doit permettre à chacun de chercher à être heureux sans priver autrui du même droit à tendre au bonheur.

Mot clé

On appelle **autonomie** la capacité de l'homme à se déterminer sans se conformer à une autorité extérieure. C'est le plus haut degré de la liberté.

III La recherche du bonheur ne doit pas conduire au délaissement de la sphère publique

- Tocqueville étudie au XIXe siècle le développement de la démocratie américaine. Or, s'il reconnaît que les citoyens américains jouissent des droits et des libertés propres au régime démocratique, il y voit aussi la **naissance d'un nouveau danger politique**. En assurant la sécurité des hommes et en les enjoignant à se consacrer uniquement à leurs intérêts privés, l'État américain devient une **puissance « tutélaire »** qui vide la démocratie de son contenu.

- Tocqueville rappelle que c'est le débat démocratique et l'intérêt des citoyens qui fondent la vitalité du tissu politique. En abandonnant cette besogne à quelques hommes qui finissent par concentrer d'immenses pouvoirs, les citoyens s'exposent à un **« despotisme doux »**, qui leur garantit la jouissance individuelle mais les prive de leur souveraineté.

- Si l'État ne doit pas entraver la recherche individuelle du bonheur, il ne faut pas penser en retour que le bonheur privé soit plus estimable que la participation à la sphère publique, sous peine d'**abandonner sa liberté politique**.

Citation

« Chacun d'eux, retiré à l'écart, est comme étranger à la destinée de tous les autres [...] il n'existe qu'en lui-même et pour lui seul, et s'il lui reste encore une famille, on peut dire du moins qu'il n'a plus de patrie. » (Tocqueville, *De la démocratie en Amérique*)

L'ESSENTIEL

L'État peut-il faire le bonheur des citoyens ?

- **Kant :** le bonheur est une affaire privée, mais l'État doit permettre à chacun de le définir et de le chercher
- **Tocqueville :** un État démocratique peut dériver en « despotisme doux » qui menacerait de détourner les individus de leur souveraineté
- **Engels :** l'État est un instrument de domination politique et sociale qui fait le bonheur de quelques-uns au détriment des autres

Quiz EXPRESS

19

Avez-vous bien révisé les fiches 16 à 18 ? On vérifie !

L'État

1 Peut-on vivre en société sans État ?

▶ FICHE 16

1. Qu'est-ce que l'état de nature ?

- [ ] **a.** un moment de l'histoire des hommes
- [ ] **b.** une expérience de pensée
- [ ] **c.** l'état où sont les hommes avant la naissance de l'État

2. Pourquoi les anarchistes prônent-ils l'abolition de l'État ?

- [ ] **a.** Ils veulent établir la loi du plus fort.
- [ ] **b.** Ils pensent à leurs intérêts particuliers.
- [ ] **c.** Ils estiment que l'autorité de l'État n'est pas légitime.

2 L'État fait-il obstacle à ma liberté ?

▶ FICHE 17

Parmi les affirmations suivantes, laquelle est vraie ?

- [ ] **a.** D'après Rousseau, l'État doit garantir la liberté du citoyen.
- [ ] **b.** La démocratie empêche l'expression de ma liberté.
- [ ] **c.** La volonté générale est l'intérêt de la majorité.

3 L'État peut-il faire le bonheur des citoyens ?

▶ FICHE 18

1. Pourquoi Engels pense-t-il nécessaire d'abolir l'État capitaliste ?

- [ ] **a.** Il n'a pas de fonction sociale.
- [ ] **b.** Il défend les intérêts de certains au détriment des autres.
- [ ] **c.** Il est trop faible pour défendre les citoyens.

2. Qu'est-ce que l'autonomie ?

- [ ] **a.** gagner sa vie par soi-même
- [ ] **b.** être libre et heureux
- [ ] **c.** réfléchir et se déterminer sans se soumettre à autrui

3. Quelle est la thèse de Tocqueville ?

- [ ] **a.** La démocratie peut devenir un « despotisme doux ».
- [ ] **b.** La démocratie américaine est menacée par l'individualisme.
- [ ] **c.** Il ne peut pas y avoir de despotisme démocratique.

CORRIGÉS

1 Peut-on vivre en société sans État ?

1. Réponses b et c. L'état de nature n'est pas un moment de l'histoire : c'est une expérience de pensée qui permet de justifier la nécessité de l'État, en imaginant ce qu'était la vie humaine avant son institution.

2. Réponse c. Les anarchistes défendent l'idée que les hommes, naturellement bons, sont capables de vivre en harmonie sans l'État : dès lors, plus rien ne fonde la légitimité de l'État.

2 L'État fait-il obstacle à ma liberté ?

Réponse a.

- La réponse **a** est vraie. C'est la liberté et non la sécurité qui constitue la fin de l'État pour Rousseau.
- La réponse **b** est fausse, car la démocratie donne aux citoyens le pouvoir d'exprimer leur liberté.
- La réponse **c** est fausse : la volonté générale est l'expression de l'intérêt du corps social comme unité et non l'agrégat d'intérêts particuliers (même majoritaires).

À noter

Même l'**unanimité** ne se confond pas avec la **volonté générale.** Si tous les hommes poursuivent le même intérêt particulier, cela ne signifie pas qu'ils le font en vue du bien commun.

3 L'État peut-il faire le bonheur des citoyens ?

1. Réponse b. Selon Engels, l'État capitaliste sert à défendre les intérêts des bourgeois au détriment des prolétaires, déshumanisés et privés de la recherche du bonheur.

2. Réponse c. L'autonomie est la capacité à penser et à se gouverner soi-même, et non la capacité à subvenir à ses besoins (appelée indépendance).

3. Réponses a et b. Pour Tocqueville, la démocratie peut devenir un « despotisme doux », car elle permet aux hommes de satisfaire leurs intérêts privés. Ce faisant, elle les isole les uns des autres et les conduit à renoncer à leur liberté politique : c'est le danger de l'individualisme.

La justice est-elle toujours une affaire d'intérêts ?

20

☐ OK

La justice est à la fois une institution politique et un idéal, selon lequel chacun obtient ce qu'il mérite. Mais la justice peut-elle encore être juste si elle défend des intérêts ?

I La nécessité de l'impartialité et de l'indépendance

- Lorsque nous souhaitons que justice soit faite, nous exigeons que l'affaire soit tranchée par une instance extérieure qui n'a intérêt à favoriser personne. On dit d'ailleurs qu'il ne faut pas être « à la fois juge et partie », c'est-à-dire être engagé dans un procès dans lequel on endosse pour soi-même la position de juge.
- Nous supposons que les sentiments et les intérêts particuliers sont susceptibles de nuire à la justice : ils affecteraient notre clairvoyance et nous inclineraient tantôt à la clémence tantôt à la sévérité, sans que cela soit nécessairement fondé en raison.
- Dans *De l'esprit des lois*, Montesquieu montre que c'est la séparation des pouvoirs qui constitue le fondement de la démocratie. Cette séparation garantit l'indépendance de la justice.

À savoir

- Le **pouvoir législatif** est détenu par le peuple qui vote la loi par l'intermédiaire de ses représentants.
- Le **pouvoir exécutif** est détenu par le gouvernement qui met en œuvre l'exécution des lois.
- Le **pouvoir judiciaire** est détenu par les juges qui sanctionnent le non-respect de la loi.

- Si le pouvoir exécutif pouvait interférer dans les décisions de justice, alors il ne serait plus possible de contrôler l'action publique, qui serait toujours au-dessus des lois. Les hommes politiques pourraient faire de la justice l'instrument de préservation de leur propre intérêt et non le principe du bien commun.

II La justice défend l'intérêt de la communauté

La justice n'est pas indifférente à la notion d'intérêt : elle a une utilité et une fonction. Elle défend l'intérêt de la communauté et non pas celui de quelques-uns des ses membres.

1 Il faut dépasser le point de vue particulier

- Nietzsche, dans la *Généalogie de la morale*, étudie le développement des systèmes de justice. Il explique que la justice a dû s'élever au-dessus des passions qui aliènent l'homme, à l'image du ressentiment.

Mot clé

Le **ressentiment** est une forme de rancune, une réaction douloureuse à un acte commis par un autre et sur lequel on n'a plus de prise.

- L'institution de la loi détourne du sentiment d'injustice et transforme toute offense en crime contre la justice elle-même. Comme l'écrit Nietzsche : « Après l'établissement de la loi, [la justice] considère toute infraction et tout acte arbitraire, individuel ou collectif, comme crime contre la loi, comme rébellion contre elle-même, et détourne ainsi l'attention des sujets du dommage immédiat causé par ces crimes. »
- C'est donc la loi qui nous permet de considérer les méfaits de manière « plus impersonnelle » et de nous départir du ressentiment. La justice ne repose sur aucune détermination passionnelle : elle est simplement ce que la loi énonce.

2 La justice n'a en vue que l'intérêt général

- Il faut distinguer strictement la justice de la vengeance. Lorsque le juge rend son verdict, il ne venge pas la victime : il se contente de protéger la société tout entière des agissements du délinquant ou du criminel. C'est au nom de la communauté qu'il peut exiger la réparation d'un dommage ou la condamnation d'un citoyen.
- C'est pour cette raison que les peines attribuées à ceux qui ne respectent pas la loi dépendent de la gravité du tort commis, mais aussi de leur propension à récidiver, c'est-à-dire de la menace future qu'ils représentent pour la société.

L'ESSENTIEL

La justice est-elle toujours une affaire d'intérêts ?

Montesquieu : d'après le principe de séparation des pouvoirs, la justice doit être indépendante et ne profiter à aucun citoyen plus qu'à un autre

Nietzsche : il n'y a de justice que dans la loi et d'injustice qu'envers la loi, indifféremment de l'intérêt des particuliers

Toutes les inégalités sont-elles des injustices ?

21

☐ OK

On peut penser que la loi implique la stricte égalité de traitement entre les citoyens : c'est ce qui garantirait le fonctionnement de la justice. Mais n'est-il pas juste de traiter aussi chacun selon son mérite ou ses besoins ?

I Les inégalités naturelles ne semblent pas injustes

- Le constat selon lequel certains semblent bien lotis par la naissance peut nous scandaliser : certains sont plus vifs, d'autres plus forts, certains pourvus de talents et d'autres non. Mais ne faut-il pas plutôt reconnaître qu'il existe nécessairement des inégalités ? Que les hommes ne sont pas égaux par nature ?

- Dans le *Gorgias* de Platon, le sophiste Calliclès soutient que l'injustice est ce qui fait violence à l'ordre de la nature. En empêchant les plus forts d'exprimer leur force, la loi défend l'intérêt des plus faibles et contrevient à la domination des forts sur les faibles.

- Si l'on considère comme Calliclès que la justice est « une institution de la nature », il n'y a plus de différence entre le droit et le fait : tout ce que la nature permet devient juste et légitime. Si je peux voler, tuer, commander, c'est que la nature m'y autorise parce qu'elle m'a pourvu des attributs nécessaires et qu'elle en a privé les autres. Ce ne sont pas les inégalités qui constitueraient ainsi une injustice mais l'égalité imposée par le droit : la loi ne doit pas se substituer à la nature.

Citation

« À consulter la nature, [...] les bœufs et tous les autres biens des faibles et des petits appartiennent de droit au plus fort et au meilleur. » (Calliclès dans *Gorgias* de Platon)

II Il est toutefois juste de lutter contre les inégalités

1 L'insuffisance du droit du plus fort

- Comment être certain que c'est bien la nature qui s'exprime, et non pas les structures de notre communauté politique et sociale ? Si certains sont plus riches, est-ce seulement parce qu'ils le méritent ? Ou bien parce qu'ils ont disposé, par la naissance ou par la chance, des moyens de s'enrichir plus que les autres ?

- L'homme a en propre sa capacité à penser et à critiquer les valeurs sur lesquelles est fondée la société. Celle-ci est dynamique et non pas statique : elle n'est pas commandée par l'instinct naturel. Il nous revient donc d'établir par nous-mêmes ce qui paraît bon et juste. Nous ne pouvons nous satisfaire des inégalités qui ne seraient justifiées que par la nature.

2 Il faut travailler à réduire les inégalités

Marx explique que les inégalités sociales n'ont pas pour origine des différences de mérite mais simplement des différences sociales. Les hommes qui naissent en possédant le capital, c'est-à-dire qui ont la propriété des moyens de production, s'enrichissent au détriment des autres. Or ces inégalités ne sont pas légitimes. Il faut dès lors réclamer l'égalité réelle entre les individus.

III L'équité peut constituer une juste inégalité

- Il faut distinguer la stricte égalité de l'équité : l'égalité consiste à donner la même chose à chacun, l'équité implique de traiter les citoyens différemment, justement en vue de leur égalité. Cela implique de reconnaître que tous n'occupent pas la même position sociale. C'est le but des mécanismes de redistribution des richesses par exemple.
- John Rawls explique que les inégalités de traitement économiques et sociales doivent bénéficier aux plus désavantagés pour être justes. Il ne s'agit pas de modifier ou de compenser les différences naturelles, mais plutôt de donner à chacun la chance de ne pas subir sa situation sociale, c'est-à-dire de pouvoir exprimer ses mérites.

L'ESSENTIEL

Toutes les inégalités sont-elles des injustices ?

- **Calliclès :** il faut se conformer aux inégalités instituées par la nature et accepter le **droit du plus fort**
- **Marx :** les inégalités sociales étant illégitimes, il faut réclamer l'**égalité réelle** entre les individus
- **Rawls :** les différences de traitement peuvent se justifier pour conduire à l'**égalité des chances**

La justice peut-elle être injuste ? 22

☐ OK

Comment fonder la légitimité de la justice ? Faut-il toujours obéir à la loi même lorsque celle-ci nous semble injuste ?

I Les deux fondements de la justice : droit positif et droit naturel

- Il faut distinguer le droit positif, qui désigne l'ensemble des lois d'une communauté politique, du droit naturel. Ce dernier repose sur les normes et les valeurs idéales propres à la nature de l'homme, indépendamment de toute détermination temporelle ou spatiale. En ce sens, le droit naturel est universel (il est le même pour tous les hommes), tandis que le droit positif est particulier (il ne vaut que pour une communauté déterminée).

À noter

Le terme **positif** n'a pas ici de valeur morale. Il désigne un droit qui a été posé, c'est-à-dire institué, et qui ne vaut donc que pour les membres d'une communauté donnée.

- L'enjeu est alors de savoir si le droit positif est toujours conforme aux règles du droit naturel. Si la coïncidence est parfaite, alors il n'est pas possible que l'institution judiciaire soit injuste : en faisant appliquer le droit positif, elle ne contreviendrait jamais au droit naturel. Mais si au contraire certaines lois ne respectent pas le bien commun, comment la justice pourrait-elle encore être juste ?

- Il ne faut donc pas confondre la légalité et la légitimité. Ce qui est injuste du point de vue du droit positif ne l'est pas toujours du point de vue de la morale.

II L'institution judiciaire doit aider à bien agir

1 La loi nous guide dans la connaissance du juste

- Les règles du droit définissent ce qui est permis et défendu, en sorte de permettre à chaque citoyen d'exercer sa liberté sans entraver les autres. En ce sens, la loi doit instituer les règles permettant à la société de vivre en harmonie.

- Étymologiquement, le terme « droit » vient du latin *rectus*, nous renvoyant à la rectitude, c'est-à-dire à l'honnêteté et au bien. Alors que nous serions enclins à agir égoïstement en négligeant autrui, la loi nous aide à savoir ce qui est juste.

2 Punir rend justice à la liberté du citoyen

- Lorsque le citoyen transgresse la loi, il est puni par la justice qui le condamne au nom de la société. Contrairement à ce que l'on peut penser spontanément, Hegel explique dans ses *Principes de la philosophie du droit* que « le châtiment fait honneur au criminel ». La punition n'a donc rien d'une injustice ! Elle invite l'homme à réfléchir au sens et aux conséquences de son action.

- Si l'on considérait que l'homme ne pouvait ni changer ni penser par lui-même, les punitions ou les récompenses seraient privées de signification et de légitimité. L'exercice de la justice repose sur la reconnaissance du citoyen comme conscience libre capable de se représenter le bien et le mal.

III Mais elle ne peut être juste si la loi est injuste

- Nous l'avons vu, ce qui est légal n'est pas toujours légitime. Certaines lois sont injustes parce qu'elles instituent des différences de traitement fondées non pas sur le mérite des citoyens, mais, par exemple, sur des distinctions de genre, de couleur de peau, etc. Autrement dit, elles supposent que certains auraient par nature plus de droits et de libertés que d'autres.

- L'institution judiciaire qui ferait appliquer de telles lois ne pourrait alors qu'être injuste. L'homme juste est au contraire celui qui se soustrait à la loi pour refuser de se faire complice de l'injustice. Thoreau invite ainsi le citoyen à ce qu'il appelle la « désobéissance civile » : il refusa par exemple de payer ses impôts pour ne pas financer les guerres.

L'ESSENTIEL

La justice peut-elle être injuste ?

Hegel : même lorsqu'elle punit, la justice n'est pas injuste, car elle présuppose la liberté et la conscience des hommes

Thoreau : la désobéissance civile est un devoir lorsque le droit positif n'est pas conforme au principe universel de justice

Quiz EXPRESS

23

Avez-vous bien révisé les fiches 20 à 22 ? On vérifie !

La justice

1 La justice est-elle toujours une affaire d'intérêts ?

▶ FICHE 20

1. Qu'est-ce que l'impartialité ?

☐ a. le fait de ne pas entendre toutes les parties

☐ b. le fait de ne pas avoir d'intérêt à l'affaire

☐ c. le fait d'être corrompu

2. Pourquoi la justice punit-elle ?

☐ a. pour venger la victime

☐ b. pour protéger l'intérêt de la société

☐ c. pour éviter la récidive

2 Toutes les inégalités sont-elles des injustices ?

▶ FICHE 21

Parmi les affirmations suivantes, laquelle est vraie ?

☐ a. D'après Calliclès, le droit du plus fort doit l'emporter.

☐ b. Les inégalités sont toujours naturelles.

☐ c. L'équité exige de donner la même chose à chacun.

3 La justice peut-elle être injuste ?

▶ FICHE 22

1. Qu'est-ce que le droit positif ?

☐ a. le droit qui permet de défendre le bien, par opposition au droit négatif

☐ b. le droit qui est constitué des lois d'une communauté déterminée

☐ c. le droit qui repose sur un sentiment inné de justice

2. La désobéissance civile consiste à...

☐ a. désobéir à la loi pour poursuivre son intérêt particulier.

☐ b. désobéir à la loi parce qu'on la juge injuste en elle-même.

☐ c. ne jamais obéir à la loi.

CORRIGÉS

1 La justice est-elle toujours une affaire d'intérêts ?

1. **Réponse b.** L'impartialité de la justice implique que le juge n'a pas intérêt à favoriser l'une ou l'autre des parties, mais qu'il rend sa décision dans l'intérêt de la communauté au regard de la loi.

2. **Réponses b et c.** La punition infligée par la justice n'est pas une vengeance : elle n'a pas de dimension passionnelle. Elle veut protéger la société du risque que représente le coupable à l'avenir, en transgressant par exemple la loi à nouveau.

2 Toutes les inégalités sont-elles des injustices ?

Réponse a.

- La réponse **a** est vraie. La justice est pour Calliclès l'ordre institué par la nature qui distingue les forts et les faibles.
- La réponse **b** est fausse, car certaines inégalités proviennent de la structure sociale : elles ne sont pas naturelles mais héritées.
- La réponse **c** est fausse : l'équité implique de traiter les hommes différemment en fonction de leurs besoins ou de leurs mérites.

À noter

Le sociologue **Bourdieu**, dans son ouvrage *La distinction*, montre que les inégalités sociales sont reproduites au sein des structures sociales. La trajectoire sociale des individus ne dépendrait pas uniquement de leur mérite.

3 La justice peut-elle être injuste ?

1. **Réponse b.** Le droit *positif* désigne le corpus de lois instituées et donc *posées* au sein d'une société donnée. Il est particulier et non universel.

2. **Réponse b.** La désobéissance civile ne consiste pas à désobéir parce que la loi est contraire à notre intérêt particulier : elle repose sur un examen critique et rationnel de la loi nous conduisant à penser que celle-ci est injuste pour tous ceux à qui elle s'applique.

Peut-on connaître l'inconscient ? 24

☐ OK

La conscience peut-elle connaître l'inconscient qui, par définition, lui échappe ? Il nous faut soit admettre avec les cartésiens que l'inconscient est une hypothèse fausse, soit reconnaître que certains phénomènes psychiques ne peuvent s'expliquer médiatement que par des causes inconscientes.

I Un inconscient sensible

1 Les « petites perceptions » de Leibniz

Leibniz admet l'existence de perceptions infraconscientes, qui échappent à l'aperception ou conscience car elles sont « trop petites et en trop grand nombre ou trop unies », et qui composent nos représentations conscientes. Par ce subconscient sensible, Leibniz suppose que nous avons une expérience du monde beaucoup plus riche que ce que la seule conscience nous fait croire.

Citation

« Pour entendre [l]e bruit [de la mer] comme l'on fait, il faut bien qu'on entende les parties qui composent ce tout, c'est-à-dire les bruits de chaque vague, quoique chacun de ces petits bruits ne se fasse connaître que dans l'assemblage confus de tous les autres ensembles. » (Leibniz, *Nouveaux essais sur l'entendement humain*)

2 L'inconscient corporel

« La santé c'est la vie dans le silence des organes », disait le médecin René Leriche. Au quotidien, notre corps fonctionne inconsciemment. Par des automatismes et des habitudes, nous agissons sans y penser pour nous rendre la vie plus facile.

3 L'inconscient mémoriel

Bergson figure la mémoire comme un cône inversé dont la pointe touche la ligne de l'action. N'arrivent alors à la conscience que les souvenirs qui nous aident à agir. Les autres souvenirs peuvent être dits préconscients ou virtuels, prêts à être actualisés selon les besoins. Bergson distingue ainsi la « mémoire-habitude », disponible pour l'action, et la « mémoire-souvenir », qui s'intéresse au passé pour lui-même.

II Le rôle des symptômes

1 Des symptômes incompréhensibles ?

- Selon Freud, qui est médecin, il existe des représentations et des actes irrationnels qui échappent au contrôle de la conscience : les délires, les obsessions, les manies, les angoisses, les dépressions, les actes manqués, les lapsus et, bien sûr, les rêves. Freud voit le rêve comme la réalisation imaginaire de désirs refoulés car interdits : « L'interprétation des rêves est la voie royale qui mène à la connaissance de l'inconscient ».
- Nous avons le choix entre renoncer à comprendre cette face obscure du psychisme, et essayer de guérir ces sources de souffrance.
- La psychanalyse est d'abord une thérapie visant à soigner les maladies mentales. Elle est ensuite une technique d'interprétation, qui a utilisé l'hypnose avant de se tourner vers la libre association d'idées. Enfin, elle est une hypothèse scientifique : celle de l'existence d'un inconscient qu'on ne peut prouver que par ses manifestations.

2 Le résultat du refoulement des pulsions

- L'inconscient ne décrit pas seulement des représentations en sommeil, mais des désirs et des pulsions primitifs de la vie psychique (le ça selon Freud). Ces derniers font l'objet d'un refoulement, car ils sont incompatibles avec les exigences morales et sociales intériorisées par le sujet (le surmoi).

Mot clé

La **pulsion** désigne une force psychique, souvent issue du corps, qui cherche à se satisfaire au moyen d'actes conscients ou manqués.

- Les pulsions inconscientes ne connaissent ni le temps ni la réalité, mais sont constamment actives et ne peuvent se satisfaire qu'en trompant la censure de la conscience, sous forme déguisée (symptômes).

L'ESSENTIEL

Peut-on connaître l'inconscient ?

- **Leibniz :** notre expérience du monde passe par une multitude de **petites perceptions** inconscientes
- **Freud :** en interprétant les actes inconscients, **la psychanalyse** permet de connaître les désirs cachés et de soigner des souffrances

L'inconscient ruine-t-il la morale ?

25

☐ OK

L'existence de l'inconscient, théorisée par Freud, nous rendrait définitivement opaques à nous-mêmes. Mais elle pose aussi des problèmes moraux : qu'en est-il de la responsabilité de nos actes, et finalement de notre liberté ?

I L'inconscient nie la liberté

1 L'inconscient choque la morale

- L'inconscient conduit-il à l'inconscience et à l'irresponsabilité ? Cette conséquence est souvent reprochée à la psychanalyse freudienne.

- La nature même des désirs inconscients choque le sens moral. Le désir incestueux d'un enfant pour sa mère, le désir de meurtre du père, le déguisement de désirs honteux, sont autant de signes de l'immoralité de l'inconscient. De fait, l'inconscient ignore la morale, comme il ignore les contraintes de temps et d'espace.

À savoir

Le **complexe d'Œdipe** désigne, chez le tout jeune garçon, le désir d'inceste avec sa mère. Œdipe est un héros grec qui tue son père Laïos, roi de Thèbes, et qui épouse sa mère Jocaste, sans savoir qu'ils sont ses parents.

2 L'inconscient nous détermine

- La psychanalyse construit la théorie d'un sujet décentré par rapport à lui-même : « Le moi n'est pas maître dans sa propre maison » (Freud, *Introduction à la psychanalyse*). Ce qui signifie que le moi conscient est déterminé par des forces inconscientes qui le rendent opaque à lui-même et porteur d'illusions, comme celle de la liberté.

- Sartre critique cette perte de liberté. Il affirme que seul un sujet conscient est donneur de sens. La liberté définit l'existence humaine, rendant l'homme totalement responsable de ses actes et de ses pensées. Refuser cette liberté est un acte de « mauvaise foi », un refus hypocrite d'assumer sa responsabilité en se cherchant des excuses.

- Le tort de la psychanalyse, selon Sartre, est d'objectiver la vie mentale, de la traiter comme une chose soumise à des déterminismes psychiques, comme l'est le monde à des déterminismes naturels. Le déterminisme est une conception selon laquelle tout ce qui arrive se produit en vertu d'une chaîne de causes et d'effets nécessaires. Ainsi, la psychanalyse nie la liberté de l'homme, alors même que l'homme n'est pas un objet parmi les autres, mais une pure subjectivité, ce que Sartre appelle un « pour-soi ».

II La connaissance de l'inconscient nous libère

1 Comprendre les causes qui nous déterminent

Selon Spinoza, la liberté n'est pas le libre arbitre, qui est illusoire, mais la connaissance de la nécessité ▶ FICHE 6. Elle nous permet de nous libérer des illusions et d'agir en connaissance de cause. C'est en ce sens que nous pouvons dire que la connaissance de notre détermination par l'inconscient nous libère.

2 Comprendre l'inconscient nous guérit

Connaître notre inconscient peut aussi nous libérer des maladies psychiques, nous soulager des souffrances mentales. Par exemple, la psychanalyse prétend guérir en aidant le patient névrotique à se remémorer les traumatismes enfouis dans l'inconscient, lesquels sont à l'origine de ses troubles.

3 Le surmoi nous donne les normes morales

Si l'inconscient est largement immoral, une autre instance, elle aussi inconsciente, équilibre le psychisme en apportant une autorité morale : le surmoi. Ce dernier intériorise, à travers l'éducation, les valeurs et les normes morales. Il propose un « idéal du moi » qui sert de modèle positif à ma conduite, pour devenir « celui que je rêve d'être ». Ainsi, le surmoi surplombe le moi pour le juger et lui donner des repères moraux qui alimentent la censure exercée sur les pulsions inconscientes.

L'ESSENTIEL

L'inconscient ruine-t-il la morale ?

- **Sartre :** en faisant de la conscience un phénomène passif et secondaire, l'inconscient **nie la liberté** et rend l'homme irresponsable
- **Freud :** l'inconscient, largement immoral, me détermine, mais il est **équilibré par le surmoi**, qui lui donne des valeurs et des normes morales

Quelles objections à l'inconscient ?

26

☐ OK

L'inconscient est une hypothèse qui explique bien des effets, mais ne peut être directement prouvée, d'où sa faiblesse épistémologique. De plus, la psychanalyse comme interprétation permet de guérir, mais crée aussi un rapport de pouvoir et de dépossession du sens. Enfin, l'inconscient aliène le sujet humain, en faisant de lui le jouet de forces souterraines.

I Alain : l'inconscient est faux et inutile

- La contestation la plus frontale de la pensée freudienne vient du philosophe qui, au XXe siècle, se présente comme un disciple de Descartes : Alain. « L'inconscient est une méprise sur le Moi, c'est une idolâtrie du corps », écrit-il dans les *Éléments de philosophie*.
- Selon lui, l'inconscient est un « fantôme mythologique », incompatible avec la liberté de l'esprit. Admettre son existence est à la fois une erreur théorique et une faute morale. Une erreur théorique car il est absurde de dire qu'il existe des pensées auxquelles on ne pense pas : toute pensée requiert un sujet qui les pense. Une faute morale car, comme pour Sartre, le recours à l'inconscient revient à nous déresponsabiliser, à excuser toutes nos inconduites (« C'est plus fort que moi »).
- Le seul inconscient qui existe, pour Alain, c'est le corps, qu'il considère avec Descartes comme une machine : les mécanismes corporels sont certes inconscients, mais c'est parce qu'en eux il n'y a aucune pensée. Il est absurde et dangereux d'affirmer l'existence de pensées inconscientes.

II Levinas : l'inconscient dépossède le sujet

- Levinas soutient que l'existence humaine est liberté et responsabilité morale envers l'autre. Il reproche aux sciences humaines, en particulier à la psychanalyse et à la sociologie, de confisquer le sens du discours en prétendant interpréter le « vrai » sens caché à la conscience du locuteur.
- Ceux qu'on a appelés les philosophes du soupçon (Marx, Nietzsche et Freud) soutiennent en effet que la conscience est aliénée par des illusions et que seuls des interprètes peuvent révéler le sens caché de ses croyances. Ces interprètes acquièrent de ce fait un pouvoir de vérité.

- Pour Levinas, l'inconscient freudien **réduit l'homme à être le produit de son passé**. L'homme devient dès lors un objet de connaissance scientifique, et donc une chose aliénée, fermée sur elle-même. Au contraire, l'homme se libère dans le souci de l'autre, non dans le repli sur soi et ses besoins égoïstes.

III Popper : la psychanalyse est une fausse science

- Popper adresse une **critique épistémologique** à la théorie freudienne : c'est une fausse science, car tous les cas, même contradictoires, sont toujours vérifiés par la même hypothèse de l'inconscient. Qu'un patient guérisse ou non à la fin d'une cure, on peut toujours expliquer ces deux issues contraires par des mécanismes inconscients. La psychanalyse n'est donc pas « falsifiable » ou réfutable.

- Popper distingue les vraies et les fausses sciences au moyen du critère de falsifiabilité. Les vraies sciences doivent pouvoir être réfutées ▶ FICHE 50. Les fausses sciences, comme l'astrologie, le marxisme ou la psychanalyse, sont quant à elles toujours vérifiées : que la révolution ait ou non lieu, que le patient soit ou non guéri. Ce sont plus des « **visions du monde** » que des sciences.

Mot clé

La **falsifiabilité**, ou réfutabilité, est la possibilité dans une théorie scientifique d'imaginer une expérience cruciale où la théorie serait réfutée. Ce critère s'oppose à la conception inductive qui veut qu'une science ne soit qu'une accumulation d'expériences vérifiées.

L'ESSENTIEL

Quelles objections à l'inconscient ?

- **Alain :** reconnaître l'existence de l'inconscient est à la fois une **erreur théorique** et une **faute morale**
- **Levinas :** l'hypothèse de l'inconscient est **aliénante et réductrice** pour l'homme car elle le dépossède du sens de sa vie
- **Popper :** la théorie freudienne est une **fausse science** car elle est irréfutable

Quiz EXPRESS 27

Avez-vous bien révisé les fiches 24 à 26 ? On vérifie !

L'inconscient

1 Peut-on connaître l'inconscient ?

▶ FICHE 24

1. Quelle est, selon Freud, la « voie royale » vers l'inconscient ?

☐ a. la conscience ☐ b. le rêve ☐ c. les petites perceptions

2. Pourquoi les pulsions inconscientes sont-elles refoulées ?

☐ a. Elles sont contraires à la morale.
☐ b. Elles sont trop violentes.
☐ c. Elles sont irréalistes.

2 L'inconscient ruine-t-il la morale ?

▶ FICHE 25

1. Parmi les affirmations suivantes, lesquelles sont vraies ?

☐ a. Pour Sartre, l'inconscient est une forme de « mauvaise foi ».
☐ b. La psychanalyse tente de nous libérer des maladies mentales.
☐ c. La censure, pour Freud, nous interdit de penser librement.

2. Pourquoi reproche-t-on à l'inconscient de nier la liberté ?

☐ a. Il détermine notre conscience et nos actes.
☐ b. Il déforme nos rêves.
☐ c. Il provoque des maladies mentales.

3 Quelles objections à l'inconscient ?

▶ FICHE 26

1. Pour quelles raisons Levinas reproche-t-il à la psychanalyse de déposséder le sujet ?

☐ a. Elle rend le moi étranger à lui-même.
☐ b. Elle lui vole son âme.
☐ c. Le sujet ne sait pas vraiment ce qu'il dit.

2. Pourquoi Popper reproche-t-il à la psychanalyse d'être infalsifiable ?

☐ a. L'hypothèse de l'inconscient explique tout et son contraire.
☐ b. La psychanalyse prétend prédire l'avenir.
☐ c. On ne peut pas réfuter l'inconscient.

CORRIGÉS

1 Peut-on connaître l'inconscient ?

1. **Réponse b.** Le rêve est le meilleur moyen de comprendre l'inconscient, car son interprétation dévoile les désirs inconscients et les mécanismes de déformation.

2. **Réponse a.** La plupart des désirs inconscients sont censurés et refoulés, car ils sont contraires à la morale, comme dans le cas du désir incestueux.

2 L'inconscient ruine-t-il la morale ?

1. **Réponses a et b.**
- La réponse **a** est vraie. Pour Sartre, la mauvaise foi consiste à se chercher des excuses, en disant par exemple : « Ce n'est pas de ma faute, c'est l'inconscient... »
- La réponse **b** est vraie, dans la mesure où la psychanalyse est avant tout une thérapie visant à soigner les maladies psychiques.
- La réponse **c** est fausse. En effet, la censure empêche l'inconscient d'envahir la conscience pour lui permettre justement de penser librement.

2. **Réponse a.** L'inconscient détermine la conscience et lui apporte toute son énergie pulsionnelle. Ce déterminisme nie la liberté entendue comme libre arbitre, mais non la liberté au sens spinoziste de connaissance de la nécessité.

3 Quelles objections à l'inconscient ?

1. **Réponses a et c.** Pour Levinas, en affirmant, comme le fait Freud, que le moi est étranger dans sa propre maison, le psychanalyste nous rend incompréhensibles à nous-mêmes et dépendants d'interprètes censés détenir le vrai sens de nos paroles et de nos actes.

Citation

« La liberté consiste à savoir que la liberté est en péril. » (Levinas, *Totalité et infini*)

2. **Réponses a et c.** Pour Popper, la psychanalyse ne permet pas de distinguer le vrai du faux dans la mesure où elle explique également par l'inconscient des phénomènes contraires. On ne peut donc pas la réfuter par une expérience cruciale.

Le langage est-il le propre de l'homme ?

28

☐ OK

La possession du langage, cette faculté d'exprimer des pensées et de communiquer au moyen d'un système de signes, semble ne concerner que les hommes. Pourtant les animaux communiquent entre eux et, parfois, avec les hommes. Ne s'agit-il pas là d'une forme de langage ?

I Le langage : une spécificité humaine ?

1 Le mutisme des animaux

Certains animaux émettent des sons qui ressemblent à des mots : les pies sont capables de dire « bonjour » à leur maître. Cela ne prouve pas que ces animaux possèdent le langage et sont polis, mais qu'ils peuvent être dressés et acquérir des réflexes sonores. Ainsi, la pie ne dit rien. Son « bonjour » n'est pas le reflet d'une pensée, mais n'est qu'un « mouvement de l'espérance qu'elle a de manger, si l'on a toujours accoutumé de lui donner quelque friandise lorsqu'elle l'a dit » (Descartes).

2 Le langage humain

- Au contraire, le langage humain permet d'exprimer des pensées ▶ FICHE 40. Celles-ci peuvent être des représentations de ce qui affecte l'homme, mais aussi des idées sans relation avec ses impératifs vitaux. Le langage prouve ainsi que l'homme n'est pas une machine ou un organisme répondant mécaniquement à des stimuli.
- Le langage humain peut utiliser d'autres vecteurs que la parole : « Les muets se servent de signes en même façon que nous de la voix » (Descartes). Les gestes utilisés peuvent manifester des pensées.
- Ainsi, il apparaît que le langage est le propre de l'homme et cela prouve que l'homme pense, alors que les animaux ne pensent pas.

3 L'incompréhension humaine des langages animaux

Montaigne fait cependant la critique de la croyance selon laquelle seuls les hommes disposeraient du langage. Selon lui, c'est parce que nous sommes incapables de comprendre le langage des animaux que nous nions son existence, alors même que la communication des animaux entre eux et avec les hommes est patente (*Essais*). Beaucoup de travaux d'éthologues (scientifiques étudiant le comportement des espèces animales) corroborent ces analyses.

II Une différence de degré

1 La double articulation du langage humain

Les langues humaines se caractérisent par une double articulation. Elles sont composées de morphèmes et de phonèmes. Ainsi, elles ont **un avantage économique fondamental** : elles sont d'une souplesse exceptionnelle et peuvent former un grand nombre de mots différents avec un petit nombre de modifications.

Mots clés

Les **morphèmes** sont des unités minimales de signification (« arbre » ou « écrire », par exemple). Ils sont composés de **phonèmes** : des unités sonores minimales qui permettent de passer d'un mot à un autre.

2 La richesse du langage humain

- Les discours et dialogues humains ne se limitent pas, contrairement à la conversation animale en général, aux besoins vitaux. L'homme peut parler alors qu'**aucune utilité biologique immédiate** n'est en jeu.
- Les langues humaines ont une richesse expressive remarquable : elles permettent d'élaborer des énoncés quotidiens, mais aussi des énoncés scientifiques, philosophiques, poétiques, etc.
- Il faut alors en conclure que, même si le langage n'est pas le propre de l'homme, une différence de degré sépare le langage humain et les langages animaux, ce qui s'explique biologiquement par **la théorie de l'évolution**.

L'ESSENTIEL

Le langage est-il le propre de l'homme ?

Descartes : l'homme est le seul être vivant qui parle, et sa parole exprime ses pensées, tandis que les animaux communiquent par réflexes

Montaigne : les animaux utilisent des langages qui leur sont propres (souvent par le corps) et que les hommes ne comprennent pas

En quoi le langage peut-il être un instrument de domination ?

29

☐ OK

Le langage n'est pas neutre : nommer les choses permet de les classifier et de les maîtriser. Les usages publicitaires ou politiques montrent que le langage peut être un instrument de domination. Comment le comprendre ?

I Convaincre et persuader

1 La conviction

Le langage donne le pouvoir de convaincre, c'est-à-dire de produire l'accord des esprits. Tel est le cas lorsque le locuteur fonde son discours sur des définitions strictes et enchaîne de manière cohérente et rigoureuse les énoncés. Le discours est alors rationnel et produit une vérité en droit partagée par tous les hommes.

2 La persuasion

- Il peut arriver que le locuteur ne respecte pas ces règles et use volontairement du langage non comme d'un vecteur de vérité, mais comme d'un instrument de persuasion. Le discours produit paraît alors vraisemblable, mais n'en reste pas moins de l'ordre du mensonge.
- Le locuteur peut persuader en jouant notamment sur les mots, les sons, les figures de style et le ton. Les paroles ne s'adressent donc pas seulement à notre intelligence, mais aussi à notre sensibilité.

II Le langage et la rhétorique

1 Une éloquence creuse

- Tel est le cas des orateurs qui utilisent la rhétorique décrite par Socrate dans le *Gorgias* de Platon. Vide de connaissance, la rhétorique est, selon l'aveu même du sophiste Gorgias, « le pouvoir de persuader par ses discours les juges au tribunal, les sénateurs dans le Conseil, les citoyens dans l'assemblée du peuple. »

Mot clé

La **rhétorique** est l'art de bien parler. Son but n'est pas de produire « le plus grand bien », mais de plaire au plus grand nombre.

- Attisant les peurs sans objet et suscitant les espoirs souvent délirants, le rhéteur manipule les affects. Comme l'explique Gorgias, « avec ce pouvoir », il est possible de faire de tout homme son esclave.

2 Les champs de la rhétorique

L'utilisation de la rhétorique comme **instrument de domination** est particulièrement patente dans les champs de la séduction amoureuse, de la publicité, ou encore de la politique, où la légitimation de l'autorité nécessite toujours le discours. Le rhéteur habile quoique ignorant a le pouvoir d'amener des foules à adhérer à n'importe quelle cause.

III Le langage et la domination symbolique

- Pour être considéré comme légitime par un groupe linguistique, un discours doit respecter un certain nombre de règles (vocabulaire, grammaire, etc.). Cela ne s'explique pas seulement par une bienséance désintéressée, mais renvoie à des **processus de démarcation sociale** : les classes favorisées parlent un langage châtié pour ne pas être confondues avec les classes populaires. Ainsi, la prononciation du *r* diffère d'un milieu social à un autre.

- Les classes défavorisées intériorisent cette domination symbolique et se retrouvent dans un **état d'insécurité linguistique.** Elles peuvent alors pratiquer l'hypercorrection, mais le caractère artificiel de cette tentative les trahit souvent.

- Ainsi, comme l'explique Bourdieu, les discours concrets contiennent un **capital symbolique** et doivent être compris en fonction du pouvoir que détiennent ou non les locuteurs.

Citation

Annie Ernaux explique : « Enfant, quand je m'efforçais de m'exprimer dans un langage châtié, j'avais l'impression de me jeter dans le vide. » (*La place*)

L'ESSENTIEL

Le langage comme instrument de domination

Platon : l'art de bien parler (rhétorique) confère à l'orateur un pouvoir qui peut être utilisé pour tromper l'auditoire (publicité, séduction)

Bourdieu : le langage est l'objet et le vecteur de normes sociales par lesquelles les classes privilégiées se distinguent et assurent leur domination symbolique

Peut-on tout dire par le langage ?

30

☐ OK

Il est courant d'avoir l'impression de ne pas pouvoir dire ce que nous ressentons. Tout se passe alors comme si toute une partie de la réalité devait rester ineffable. Mais ne serait-ce pas une illusion ?

I Les limites du langage

1 Le langage est une nomenclature

- Le langage est constitué de mots qui, à l'exception des noms propres, traduisent des genres, ce qui en fait une nomenclature. Ainsi, quand nous disons « le loup », nous visons peut-être un loup singulier, mais le mot que nous utilisons est comme une étiquette qui pourrait être collée à un grand nombre d'animaux similaires.

> **Mot clé**
> Une **nomenclature** est une instance de classification qui repose sur le repérage de caractères communs et laisse de côté les différences individuelles.

- Ainsi, le langage, qui découle de la nécessité pour l'homme de s'adapter au monde, retient seulement des choses leur « fonction la plus commune » et leur « aspect banal » (Bergson).

2 Des mots généraux vs la singularité des vécus

- Bergson explique qu'il en va de même pour nos propres états d'âme « qui se dérobent à nous dans ce qu'ils ont de personnel, d'originellement vécu ». C'est ainsi que le langage voile sous des catégories générales (l'amour, la haine, etc.) les nuances singulières de nos sentiments.
- Certes, pour que la communication humaine soit possible, cela est indispensable, puisqu'en droit il faudrait une infinité de mots pour dire chacun de nos états d'âme et que ces mots parfaitement expressifs demeureraient incompréhensibles par les autres hommes.
- Il n'en demeure pas moins que, ce faisant, l'individualité nous échappe. Nous ne pouvons faire autrement que nous mouvoir parmi des généralités et des symboles qui n'expriment pas la singularité des choses et de nos états d'âme. Nous disons « je t'aime » à un parent ou à un conjoint, bien que nos états d'âme soient très différents.
- Une conclusion semble donc devoir s'imposer : le langage n'a pas la capacité de tout dire, il se borne à exprimer des généralités. Il y aurait donc de l'ineffable.

II Pensons-nous en dehors des mots ?

1 L'ineffable

- Pour Hegel, prétendre penser sans les mots est une « tentative insensée » qui ne peut conduire qu'à la folie.
- Ainsi, contrairement à un préjugé courant, l'ineffable n'est pas ce qu'il y a de plus haut et de plus raffiné, mais une pensée obscure qui n'est qu'« à l'état de fermentation, et qui ne devient claire que lorsqu'elle trouve le mot. » Le sentiment de ne pas trouver les mots adéquats pour exprimer une pensée est le signe d'une absence de pensée.

2 La réalité objective des pensées précède-t-elle le langage ?

- Considérer que certaines pensées ne sauraient être dites par le langage suppose l'existence de ces pensées avant leur formulation dans des mots. Selon Hegel, c'est là se tromper lourdement sur les pouvoirs du langage, car en fait « nous n'avons conscience de nos pensées, nous n'avons des pensées déterminées et réelles que lorsque nous leur donnons la forme objective » que leur confère le langage.

Citation

« C'est dans les mots que nous pensons. » (Hegel, *Philosophie de l'esprit*)

- Ainsi, selon Hegel, une véritable pensée s'incarne dans le mot et, loin de n'être qu'une connaissance creuse, « l'intelligence, en se remplissant de mots, se remplit aussi de la nature des choses. » Le mot donne une forme objective aux pensées et aux choses en les délimitant, en les distinguant les unes des autres.

L'ESSENTIEL

Peut-on tout dire par le langage ?

Bergson : les mots expriment des généralités et désignent des choses génériques, permettant la communication mais appauvrissant la perception du vécu individuel, toujours singulier	**Hegel :** la pensée n'existe pas en dehors du langage, elle n'émerge que lorsqu'elle est objectivement exprimée, et l'ineffable n'est rien que le signe d'une absence de pensée

Quiz EXPRESS 31

Avez-vous bien révisé les fiches 28 à 30 ? On vérifie !

Le langage

1 Le langage est-il le propre de l'homme ?

▶ FICHE 28

1. Comment Descartes conçoit-il les animaux ?

☐ **a.** Les animaux pensent, mais ne parlent pas.
☐ **b.** Les animaux ne pensent pas et ne parlent pas.
☐ **c.** Les animaux pensent et parlent.

2. Pourquoi, selon Montaigne, les hommes refusent-ils l'idée d'un langage animal ?

☐ **a.** Les hommes ne comprennent pas le langage des animaux.
☐ **b.** Les animaux ne disposent pas du langage.
☐ **c.** Les animaux ne communiquent pas avec les hommes.

2 En quoi le langage peut-il être un instrument de domination ?

▶ FICHE 29

Parmi les affirmations suivantes, lesquelles sont vraies ?

☐ **a.** Les termes « convaincre » et « persuader » sont des synonymes.
☐ **b.** Selon Platon, la rhétorique n'est qu'une éloquence creuse et formelle.
☐ **c.** Selon Bourdieu, le langage est un instrument de démarcation sociale.

3 Peut-on tout dire par le langage ?

▶ FICHE 30

1. Selon Bergson, le mot désigne...

☐ **a.** une individualité. ☐ **b.** un genre. ☐ **c.** l'universel.

2. Selon Hegel, de quoi l'ineffable est-il le signe ?

☐ **a.** de la plus haute pensée ☐ **b.** des limites du langage
☐ **c.** d'une absence de pensée

3. Selon Hegel, le langage...

☐ **a.** est postérieur à la pensée.
☐ **b.** n'est pas postérieur à la pensée.
☐ **c.** est sans rapport avec la pensée.

CORRIGÉS

1 Le langage est-il le propre de l'homme ?

1. Réponse b. Selon Descartes, les comportements animaux s'expliquent totalement par la mécanique de leurs instincts.

2. Réponse a. Selon Montaigne, il est évident que certains animaux disposent du langage pour communiquer entre eux et avec les hommes, mais ces derniers ne le comprennent pas.

À noter

Le canard de Vaucanson, fabriqué en 1738, illustre la **théorie des animaux-machines** de Descartes. Cet automate a les mêmes capacités qu'un animal : il peut manger, boire et même digérer.

2 En quoi le langage peut-il être un instrument de domination ?

Réponses b et c.

- La réponse **a** est fausse : convaincre vise à produire rationnellement l'accord des esprits, alors que persuader vise à produire un discours qui semble vrai.
- La réponse **b** est vraie. En effet, pour Platon, la rhétorique n'a aucun souci de la vérité : elle est une éloquence au service d'une manœuvre de séduction ou de domination.
- La réponse **c** est vraie, car, selon Bourdieu, les discours concrets sont toujours des marqueurs socioculturels.

3 Peut-on tout dire par le langage ?

1. Réponse b. Selon Bergson, un mot désigne un genre, c'est-à-dire toute une classe d'objets (la table, par exemple).

2. Réponse c. Selon Hegel, puisque pensée et langage sont corrélatifs, l'ineffable désigne une absence de pensée.

3. Réponse b. Selon Hegel, le langage est la forme de la pensée, il est donc contemporain de la pensée.

En quoi consiste la liberté ? 32

☐ OK

La liberté est une valeur, un idéal, qu'il est difficile de définir. D'autant que ce terme s'applique autant à la physique des corps qu'aux mouvements de l'âme ou de la volonté.

I La liberté physique

- Au sens physique, la liberté signifie l'absence de contrainte. Un animal ou un homme est libre s'il n'est pas enchaîné ou enfermé. La liberté physique est liberté de mouvement et spontanéité de l'action.
- Il existe néanmoins des contraintes naturelles auxquelles on ne peut échapper : l'homme n'est pas libre de voler ou de marcher sur l'eau, par exemple. L'homme réduit à la seule liberté physique n'est pas plus libre qu'une pierre qui tombe sans rencontrer d'obstacle. Il est soumis au déterminisme naturel : tout, dans la nature, résulte de causes nécessaires.

> **Mot clé**
> Le **déterminisme** désigne une conception scientifique selon laquelle tout phénomène obéit à des lois naturelles.

- La liberté physique, pour Aristote ou Leibniz, consiste dans la spontanéité de ses mouvements dus à une cause interne, et non à une contrainte externe. C'est faire ce que je veux et peux sans contrainte.

II La liberté politique

1 La liberté comme indépendance

Au sens politique, la liberté désigne d'abord l'indépendance à l'égard de tout pouvoir. Elle suppose d'être soi-même son propre maître. Une cité libre n'obéit qu'à ses propres lois ; un homme libre à sa volonté.

2 Les conditions d'une liberté politique

- Mais l'homme, « animal politique » (Aristote), ne vit pas seul. En société, il est un citoyen libre à la condition d'obéir à une loi égale pour tous (isonomie).
- Il faut aussi que la loi soit l'expression d'une volonté générale qui dépasse les égoïsmes individuels au profit de l'intérêt commun. À cette condition, le citoyen obéit librement à une loi qu'il s'est lui-même donnée (Rousseau).

3 La liberté comme résultat d'un processus

Pour Hegel et Marx, cette liberté purement légale reste formelle. La liberté n'est pas un statut juridique, mais le résultat d'un processus historique de **libération par le travail**. Le maître qui ne travaille pas est condamné par l'histoire, et c'est l'esclave qui devient le nouveau maître en transformant la nature et sa propre nature grâce à son travail ▶ FICHE 57.

III La liberté morale

> **Mot clé**
> La **responsabilité** désigne le fait de rendre compte de ses actes devant quelqu'un.

- Au sens moral, la liberté suppose la responsabilité de ses actes et la possibilité de choisir entre le bien et le mal, ce qu'on appelle **le libre arbitre**.
- Pour les Anciens est libre une volonté indépendante de toute contrainte. Est libre celui qui agit selon sa volonté, et non selon la volonté d'autrui. Les stoïciens soutiennent qu'une volonté libre peut résister à la torture ou à la tyrannie, à condition de savoir que la liberté réside dans **la volonté intérieure**, et non dans le corps. Pour rester libres face aux coups du destin, nous devons détacher la volonté des biens extérieurs qui ne dépendent pas de nous : non pas « faire ce que je veux », mais **vouloir ce que je peux** ▶ FICHE 13.

L'ESSENTIEL

En quoi consiste la liberté ?

La liberté physique
Aristote, Leibniz : le mouvement doit être spontané, dû à une cause interne et non à une contrainte externe (≠ déterminisme)

La liberté politique
- **Aristote :** la loi est égale pour tous (isonomie)
- **Rousseau :** la loi est l'expression de la volonté générale
- **Hegel, Marx :** a lieu un processus historique de libération par le travail

La liberté morale
- **Kant :** on doit être capable d'obéir à la loi qu'on se donne (autonomie)
- **Les stoïciens :** on doit savoir qu'elle réside dans la volonté intérieure, et non dans le corps ou les biens extérieurs

La liberté est-elle une illusion ?

33

☐ OK

Nous avons, dit Descartes, une expérience de liberté comme spontanéité de la volonté. Mais la connaissance de la nature montre que rien n'existe sans cause et que notre volonté elle-même est soumise à des causes qui l'orientent ou la déterminent.

I L'homme possède un libre arbitre

1 Liberté et culpabilité

- Le christianisme fonde la liberté morale sur le libre arbitre : pouvoir choisir une chose ou son contraire, le bien ou le mal. À cette condition, je peux être jugé innocent ou coupable de péchés.
- Sans libre arbitre, mes choix seraient déterminés : je ne serais donc pas responsable et Dieu serait coupable de mes péchés.

À noter

Leibniz montre qu'en créant le meilleur des mondes possibles, Dieu a créé l'homme libre pour le rendre **responsable** de ses actes. Ainsi, Dieu est innocent.

2 Liberté d'évidence et liberté d'indifférence

- Au sein du libre arbitre, Descartes distingue deux libertés. La première, la « liberté d'évidence », fait que je suis spontanément porté à me soumettre à l'évidence. Le libre arbitre choisit la vérité et la volonté suit l'entendement. L'évidence guide, sans la déterminer strictement, la volonté, qui conserve sa liberté de choix.
- La seconde, à savoir la « liberté d'indifférence », laisse quant à elle toute liberté à la volonté en l'absence de vérité évidente. Elle est le plus bas degré de l'action, car elle nous laisse dans un doute et une hésitation sans issue. C'est pourquoi Descartes préfère la « liberté d'évidence », grâce à laquelle je vois clairement le meilleur parti et le suis sans hésiter.

3 Une volonté diabolique ?

Liberté absolue de la volonté, la liberté diabolique choisit le mal et le faux volontairement, en connaissance de cause. Ce qui conduit à l'acte gratuit : faire le mal gratuitement, simplement pour prouver sa liberté.

II Spinoza : le libre arbitre est une illusion

- Pour Spinoza, le libre arbitre n'est qu'une illusion : « Les hommes se croient libres pour cette seule cause qu'ils sont conscients de leurs actions et ignorants des causes par où ils sont déterminés. »
- L'ignorance des causes est la source de cette illusion : l'ivrogne croit boire parce que le vin est bon, alors qu'il est déterminé inconsciemment par une addiction ou une tristesse qui le pousse à boire.
- Spinoza définit la vraie liberté comme la connaissance de la nécessité, donc des causes qui me déterminent. Mes actions sont causées par des forces extérieures, des désirs et des passions. Leur connaissance doit aider la raison à me libérer de leur emprise pour agir plus rationnellement et me conserver dans mon être.

III Kant : le libre arbitre est un postulat

- Kant rétablit la nécessité du libre arbitre pour fonder la morale. La liberté de choisir le bien ou le mal doit être une autonomie de la volonté : obéir à la loi qu'on se donne rationnellement, donc universellement. Non pas « faire ce que je veux », mais agir conformément à ce que la raison exige universellement de tout homme.
- L'existence de Dieu, l'immortalité de l'âme et la liberté sont les trois postulats de la raison pratique. Sans ces trois principes, la morale est impossible. Ce sont des postulats, dans la mesure où il est impossible de les prouver ou de les démontrer.

L'ESSENTIEL

La liberté est-elle une illusion ?

- **Saint Augustin :** le libre arbitre est le pouvoir de choisir le bien ou le mal, qui rend chaque créature responsable de ses actes
- **Spinoza :** l'ignorance des causes produit l'illusion du libre arbitre ; la connaissance de la nécessité permet à la raison de se libérer
- **Kant :** en tant qu'autonomie de la volonté, le libre arbitre fonde la morale

Sommes-nous condamnés à être libres ?

34

☐ OK

La liberté est la possibilité de choisir l'orientation de notre existence dans certaines situations données. Mais la liberté elle-même est-elle objet de choix ? Peut-on choisir de ne pas être libre ? Choisir de ne pas être libre, n'est-ce pas encore choisir ?

I Sartre : « L'homme est condamné à être libre »

1 La liberté est une donnée native

- Heidegger et l'existentialisme de Sartre soutiennent que la liberté précède la nature : « L'existence précède l'essence. » Par sa conscience de la mort, l'homme fait exception à la nature et échappe à tout déterminisme. L'homme n'est pas une nature, mais une liberté radicale. Il choisit totalement son existence et en est pleinement responsable.
- Pour Sartre, nous sommes « condamnés à être libres ». Invoquer un déterminisme physique, psychologique ou social est l'effet d'une mauvaise foi qui se cherche des excuses pour ne pas assumer sa liberté.

Citation

« L'homme [...] n'est d'abord rien. Il ne sera qu'ensuite, et il sera tel qu'il se sera fait. Ainsi il n'y a pas de nature humaine, puisqu'il n'y a pas de Dieu pour la concevoir. » (Sartre, *L'existentialisme est un humanisme*)

- L'athéisme radicalise la liberté en livrant l'homme à sa solitude et en le privant de recourir à Dieu pour nier ou atténuer sa liberté.

2 Une liberté « en situation »

- Néanmoins, cette liberté n'est pas abstraite, mais toujours « en situation ». La situation désigne les circonstances qui ne dépendent pas de nous, dans lesquelles s'exerce cette liberté. Nous ne choisissons pas notre famille, notre époque, la situation de guerre ou de paix, de santé ou de maladie.
- La situation nous est donnée sans nous déterminer : par exemple, vivre en temps de guerre conduit à des choix différents (être résistants ou collaborateurs) que ceux que nous aurions à faire en temps de paix. Sartre avance même que plus la situation est contraignante, plus nous sommes libres.

II Rousseau : nous ne pouvons renoncer à la liberté

1 Nous sommes libres par nature

Pour Rousseau, à l'état de nature, l'homme n'obéit qu'à ses besoins naturels et bénéficie d'une liberté qui n'a d'obstacle que ses capacités naturelles. Ainsi, la liberté est une chose innée et **sa perte ne peut être que l'effet d'une aliénation**, qui rend l'homme dépendant d'une force supérieure et injuste.

2 La liberté est inaliénable

- Dans *Du contrat social*, Rousseau **condamne toute légitimation de l'esclavage**. Il n'y a pas d'esclavage selon la nature, contrairement à ce que soutient Aristote ; il ne peut y en avoir non plus par contrat, comme cela se faisait dans la Rome antique.
- Au-delà de l'esclavage, Rousseau **réfute toute idée de soumission volontaire**, qui serait contre-nature. Il dénonce le « faux contrat social » défendu par Hobbes, en lequel il voit un contrat de soumission entre le loup et l'agneau. La soumission civile ou politique ne peut être qu'un rapport de force déguisé.
- La liberté est donc **un droit naturel inaliénable**, même pour soi-même. L'esclavage ne peut être un droit. Le seul droit naturel est celui de naître et de demeurer libre.
- Cependant, contrairement à l'animal, l'homme est un être perfectible. Par l'éducation et l'histoire, la liberté n'est pas un *statu quo* mais un devenir historique. **La liberté est une libération indéfinie**, intellectuelle, morale et politique, contre toutes les formes de dépendance.

L'ESSENTIEL

Sommes-nous condamnés à être libres ?

- **Sartre et l'existentialisme :** l'homme se détermine seul et il est pleinement responsable de son existence, quelle que soit la situation ; prétendre être déterminé relève de la mauvaise foi
- **Rousseau :** l'individu est libre par nature et cette liberté est un droit inaliénable

Quiz EXPRESS 35

Avez-vous bien révisé les fiches 32 à 34 ? On vérifie !

La liberté

1 En quoi consiste la liberté ?

▶ FICHE 32

La liberté physique est...

- ☐ **a.** l'absence de lois naturelles.
- ☐ **b.** l'absence de contraintes sur l'action.
- ☐ **c.** l'obéissance à la loi qu'on se donne.

2 La liberté est-elle une illusion ?

▶ FICHE 33

1. Chez Leibniz, le libre arbitre est nécessaire pour...

- ☐ **a.** rendre l'homme plus puissant.
- ☐ **b.** expliquer la supériorité humaine.
- ☐ **c.** innocenter Dieu.

2. Pour Descartes, la liberté d'indifférence est...

- ☐ **a.** le plus bas degré de l'action.
- ☐ **b.** le plus haut degré de l'action.

3 Sommes-nous condamnés à être libres ?

▶ FICHE 34

1. Pourquoi Sartre choisit-il l'athéisme ?

- ☐ **a.** Il prouve l'inexistence de Dieu.
- ☐ **b.** Dieu est un tyran.
- ☐ **c.** L'athéisme renforce la liberté et la responsabilité humaine.

2. Que signifie, pour Sartre, une liberté « en situation » ?

- ☐ **a.** une liberté indifférente aux circonstances
- ☐ **b.** une liberté déterminée par les circonstances
- ☐ **c.** une liberté exercée dans certaines circonstances

3. Qu'est-ce que l'aliénation ?

- ☐ **a.** la dépendance envers autrui
- ☐ **b.** le refus de l'esclavage
- ☐ **c.** une crise de folie

CORRIGÉS

1 En quoi consiste la liberté ?

Réponse b. La liberté physique est le mouvement spontané et sans contrainte. La réponse **c** correspond quant à elle à la liberté morale comme autonomie.

2 La liberté est-elle une illusion ?

1. **Réponse c.** Leibniz innocente Dieu du péché et du mal.

À noter

Dans son ouvrage *Essais de théodicée*, Leibniz s'interroge pour savoir **qui de Dieu ou de l'homme est coupable du mal** dans le monde. La liberté laissée à l'homme le rend seul coupable de ses choix, et innocente Dieu.

2. **Réponse a.** Pour Descartes, la liberté d'évidence est, à l'inverse de la liberté d'indifférence, le plus haut degré moral du point de vue de l'action : agir en suivant le vrai.

3 Sommes-nous condamnés à être libres ?

1. **Réponse c.** Sartre choisit l'athéisme pour rendre l'homme totalement responsable de sa liberté. Pour lui, la morale oblige à renoncer à la religion.

2. **Réponse c.** « En situation » signifie que notre liberté de choix est réelle, mais qu'elle s'exerce différemment selon les circonstances.

3. **Réponse a.** L'aliénation est le fait de dépendre d'autrui. Par dérivation, il a pris le sens de « folie », c'est-à-dire de perte de contrôle de soi.

Peut-on opposer, en l'homme, la nature et la culture ?

36

☐ OK

L'un des sens du terme « nature » est de désigner l'essence d'une chose. Dans cette acception, la culture, entendue comme l'ensemble des artifices produits par l'homme, semble bien arracher l'homme à sa nature...

I La culture : une dénaturation ?

1 La sortie de l'état de nature

- Rousseau soutient qu'à l'état de nature les individus humains mènent une vie solitaire et indépendante, si bien que règnent l'harmonie et la paix. L'entrée dans le processus de culture est accidentelle et source de dénaturation : les individus deviennent des rivaux et les passions naissantes les opposent ▶ FICHE 16.

- Selon Rousseau, l'essence de l'homme se compose de deux sentiments primitifs : l'amour de soi, qui porte les hommes à l'autoconservation, et la pitié, qui « nous porte sans réflexion au secours de ceux que nous voyons souffrir. » La culture vient recouvrir ces deux sentiments et engendre rivalités et mésententes entre les hommes.

Mot clé

Par opposition à l'état civil, **l'état de nature** désigne la situation dans laquelle l'humanité se serait trouvée avant l'émergence de la société, et notamment avant l'institution de l'État et du droit positif. Rousseau y voit une fiction méthodologique.

2 La perfectibilité comme essence de l'homme

- La perfectibilité est pourtant le propre de l'homme. Celui-ci est, en effet, doté d'une plasticité qui le programme à sortir de l'état de nature à l'occasion d'un événement accidentel contraignant les hommes à se réunir (un tremblement de terre, par exemple).

- C'est ainsi que l'homme peut progresser (devenir plus savant, plus intelligent), mais également régresser : perdre notamment son aptitude à la compassion.

II La culture réalise la nature humaine

- Comparés à l'animal et au végétal, les hommes sont fort démunis en termes d'instincts : comme l'écrit Kant, « il faut [que l'homme] se fasse à lui-même son plan de conduite » ▶ FICHE 56.

- Ainsi, les hommes sont le produit de leurs interactions et de leurs apprentissages. Les qualités naturelles dont l'homme dispose en puissance ne germeraient pas sans la culture. Celle-ci apparaît donc comme **un achèvement de la nature humaine**.
- L'éducation, qu'il faut distinguer du dressage, a un rôle fondamental dans le développement de l'humanité. Kant explique ainsi qu'au fil de l'histoire les hommes apprennent les uns des autres à **concrétiser**, c'est-à-dire à faire passer de la puissance à l'acte, **leurs qualités naturelles** : « Une génération fait l'éducation de l'autre. »

III Le dépassement de l'opposition nature/culture

1 L'impossible distinction nature/culture

Il est, en fait, impossible de séparer chez l'homme l'inné et l'acquis. Selon Merleau-Ponty, « **tout est fabriqué et tout est naturel** chez l'homme. » Tous les comportements et toutes les paroles s'enracinent dans la biologie humaine sans jamais s'y réduire, car ils portent le signe de la culture. Tiraillé par la fin, l'homme ne se contente pas de manger, il prépare ses mets et fait des repas.

2 La nature humaine n'existe pas

L'existence même d'une nature humaine est contestable. Ainsi, explique Sartre, « **l'existence précède l'essence** », ce qui signifie que chaque homme a à définir sa propre nature à travers ses actes et ses choix. C'est ainsi qu'un homme lâche n'est rien d'autre qu'un homme qui a choisi une existence de lâcheté.

L'ESSENTIEL

Peut-on opposer, en l'homme, la nature et la culture ?

- **Rousseau :** « La nature a fait l'homme heureux et bon, mais [...] la société le déprave et le rend misérable. »
- **Kant :** la culture réalise la nature humaine et permet à l'homme éduqué de concrétiser par la raison ses qualités naturelles
- **Merleau-Ponty :** nature et culture se conjuguent dans l'homme
- **Sartre :** il n'y a pas de nature humaine car « l'existence précède l'essence »

La nature peut-elle être la norme des conduites humaines ?

37

☐ OK

La nature désigne l'essence d'une chose et la totalité des choses existantes, exception faite des productions humaines. Comprise dans ces deux sens, la nature peut-elle constituer une règle morale pour l'homme ?

I La conception ancienne

- La nature est ordonnée et harmonieuse. Elle est comme un grand être vivant dont les régularités manifestent la constance. Elle est l'exact opposé du chaos.

Mot clé

Pour les Anciens, comme Ovide, le **chaos** désigne un milieu chronologiquement premier et sans orientation possible, où l'on chute en tous sens.

- Ainsi, selon Marc Aurèle, la nature « se propose toujours un but, et [qu']elle ne s'occupe pas moins de la fin des choses que de leur origine et de leur existence. Elle ressemble assez à un joueur de ballon », c'est-à-dire à une personne qui vise intentionnellement un but.
- Dans ce contexte, la formule injonctive d'Épictète « vivre selon la nature » est pour l'homme un rempart éthique contre la démesure. La vie humaine la plus achevée consiste alors à accepter et retrouver cet ordre naturel en soi-même, si bien que vivre selon la nature équivaut à vivre selon *sa* nature.

II Le droit naturel moderne

1 Le droit naturel à la propriété

- Certains philosophes modernes croient pouvoir fonder le droit sur ce que la nature a inscrit en l'homme, c'est-à-dire la nature humaine.
- C'est ainsi que, selon Locke, l'homme est par nature propriétaire de droit de son corps et de son esprit, mais aussi de tout ce qui vient de lui-même ou a été valorisé par lui-même, notamment les biens et les richesses acquis par son travail.

2 Le pacte social fondé sur la nature humaine

Dans le même temps, Hobbes soutient que la nature humaine présente tous les éléments nécessaires à l'élaboration du pacte social. Ayant naturellement le droit absolu de tout faire pour préserver leur vie et ayant subi l'épreuve d'une constante menace de mort dans la vie précivile, les hommes découvrent par la raison la première loi de nature, qui leur interdit de faire ce qui mène à la destruction de leur vie, et découvrent la règle de leur intérêt : « s'efforcer à la paix » FICHE 16.

III La nature : entre la violence et le silence

- Pourtant, Hobbes souligne également que l'étude de la nature humaine conduit au constat d'une rivalité fondamentale entre les individus qui s'opposent nécessairement du fait qu'ils désirent tous les mêmes choses. C'est ainsi que l'état de nature est « la guerre de tous contre tous » et que « l'homme est un loup pour l'homme. »
- Le droit naturel repose sur l'illusion d'une nature qui ferait « autorité » et qui poserait des droits. Or, d'après Kelsen, la nature n'est qu'un ensemble de faits qui n'ordonnent jamais.
- Scientifiquement parlant, en effet, la nature n'est qu'un mécanisme aveugle dénué de volonté et qui ne saurait dicter aucun devoir-être.
- Ainsi, à moins de postuler que Dieu ou toute autre puissance transcendante commanderait aux hommes de se conduire d'une certaine façon, la nature ne peut pas servir de boussole politique et juridique aux hommes.

Citation

« Des hommes se réunissent […], prononcent des discours, les uns lèvent la main, les autres ne la lèvent pas […] Juridiquement [cela] signifie qu'une loi est votée, que du droit est créé. » (Kelsen, *Théorie pure du droit*)

L'ESSENTIEL

La nature peut-elle être la norme des conduites humaines ?

- **Épictète et les stoïciens :** il faut vivre selon la nature, qui est un **modèle d'harmonie**
- **Hobbes, Locke :** le **droit naturel** découle de la nature humaine (droit de propriété, nécessité de fonder un pacte social)
- Mais la nature n'est **pas un modèle en soi** : l'état de nature est « la guerre de tous contre tous » (**Hobbes**); la nature n'est qu'un ensemble de faits non normatifs (**Kelsen**)

La nature est-elle un ensemble de lois ?

38

☐ OK

La nature n'est pas chaotique, les phénomènes naturels s'enchaînent selon un ordre rigoureux, prévisible et calculable. C'est ainsi, par exemple, que les hommes peuvent anticiper les marées ou les éclipses. Faut-il en conclure que la nature est entièrement déterminée ?

I La nature au-delà des lois

1 La nature divinisée

- La nature apparaît, en premier lieu, comme une totalité irréductible à une explication mécaniste aveugle. C'est ainsi que, pour les Anciens, la nature est enchantée et dotée d'intentions.
- Dans la culture latine, la nature est considérée comme une mère nourricière : « La terre, sans être violée par la houe, ni blessée par la charrue, donnait tout d'elle-même » explique Ovide quand il décrit la nature vierge. Par conséquent, l'homme doit respecter la nature et se soumettre à elle. La vénération prend la forme de rites, de cultes et d'incantations visant à préserver l'ordre du monde.

2 La nature comme objet de croyance

- Une nature ainsi conçue requiert, pour être comprise, une interprétation des signes qu'elle envoie aux hommes, d'où la grande importance accordée à l'astrologie.
- Il faut noter que, dans un tel contexte, la nature ne saurait constituer un objet de connaissance scientifique, mais est bien plutôt l'occasion de croyances qui nous en apprennent davantage sur l'homme que sur la nature elle-même ▶ FICHE 48.

Mot clé

L'**astrologie** est un ensemble de croyances et de pratiques visant à déterminer le destin et le caractère des hommes par l'étude de la supposée influence des astres.

II La nature : un ensemble de lois

1 Un nouvel objet pour les sciences de la nature

- Au XVIIe siècle, l'ambition de la science physique est redéfinie : il ne s'agit plus de comprendre le *pourquoi* des phénomènes, mais le *comment*.

- Tournant le dos à Aristote, les scientifiques ne se donnent plus comme objectif une connaissance des premiers principes et des premières causes, qu'ils jugent vouée à l'échec ou à l'obscurantisme, mais, plus modestement, la saisie des **régularités qui lient les phénomènes**, c'est-à-dire les lois de la nature.

> **À noter**
> Dans *Le Malade imaginaire*, Molière se moque des savants anciens qui expliquaient que l'opium fait dormir en raison de sa « vertu dormitive ».

2 La conception moderne de la nature et ses limites

- Descartes explique ainsi que la nature n'apparaît plus comme une « déesse ». Dépourvue d'intentions et ne visant aucun but, elle est assimilable, comme l'écrit Galilée, à un livre « **écrit en langage mathématique**, et [dont] les caractères sont des triangles, des cercles, et d'autres figures géométriques. » En droit, la nature est totalement explicable par des principes rationnels ▶ FICHE 49.
- Comme le signale Kant, cette conception moderne de la nature est peut-être **tributaire de l'entendement humain** qui, en tant que faculté de créer des concepts, détermine la manière dont nous apparaissent les phénomènes naturels.
- Le fait est que la connaissance de la nature n'est pas épuisée par la science. Beaucoup de phénomènes demeurent encore énigmatiques et l'on comprend dans cette perspective que puissent perdurer des **croyances** qui dépassent les limites de la raison ▶ FICHE 49.
- Conçue comme nécessairement conforme aux lois de la raison, la nature est réduite à un ensemble de lois mesurables. Forcée d'entrer dans un cadre aussi étroit, la **dimension de puissance et de jaillissement** de la nature est oubliée. Comme le dit Heidegger, la nature est limitée à une somme d'ustensiles dont les hommes sont voués à se rendre maîtres et possesseurs.

L'ESSENTIEL

La nature est-elle un ensemble de lois ?

- Une nature au-delà des lois : **un objet de croyances et d'interprétations**
- Une nature explicable par la raison : **un livre « écrit en langage mathématique »** (Galilée)

Quiz EXPRESS 39

Avez-vous bien révisé les fiches 36 à 38 ? On vérifie !

La nature

1 Peut-on opposer, en l'homme, la nature et la culture ?

▶ FICHE 36

1. Quels sont nos deux sentiments naturels, selon Rousseau ?

☐ **a.** l'amour-propre et l'envie ☐ **b.** l'ambition et l'espoir

☐ **c.** l'amour de soi et la pitié

2. Pourquoi, selon Kant, l'éducation joue-t-elle un rôle fondamental dans le développement de l'humanité ?

☐ **a.** L'éducation permet de faire germer toutes les qualités naturelles qui appartiennent à l'humanité.

☐ **b.** L'éducation est un dressage des pulsions.

☐ **c.** L'éducation permet une réussite professionnelle.

2 La nature peut-elle être la norme des conduites humaines ?

▶ FICHE 37

Parmi les affirmations suivantes, laquelle est vraie ?

☐ **a.** Épictète voit la nature comme un modèle pour l'homme.

☐ **b.** Selon Hobbes, la première loi de nature conduit à désirer la guerre.

☐ **c.** Selon Kelsen, le droit positif se fonde sur le droit naturel.

3 La nature est-elle un ensemble de lois ?

▶ FICHE 38

1. Selon Ovide, qu'est-ce que la nature ?

☐ **a.** une déesse ☐ **b.** un ensemble de lois

☐ **c.** une mère nourricière

2. Selon Heidegger, quelle est la conséquence de la conception mécaniciste de la nature ?

☐ **a.** La nature, dans sa vérité, est oubliée.

☐ **b.** La nature est intégralement comprise.

☐ **c.** La science devient un modèle pour la poésie.

CORRIGÉS

1 Peut-on opposer, en l'homme, la nature et la culture ?

1. **Réponse c.** Selon Rousseau, l'amour de soi et la pitié sont les deux seuls sentiments humains naturels. L'homme n'est pas mauvais par nature.

2. **Réponse a.** Selon Kant, les hommes sont fort démunis en termes d'instincts. L'individu a besoin du secours des autres pour développer ses qualités naturelles.

2 La nature peut-elle être la norme des conduites humaines ?

Réponse a.

- La réponse **a** est vraie : selon Épictète, vivre selon la nature consiste à accepter et retrouver cet ordre naturel en soi-même et à mener l'existence la plus épanouie.
- La réponse **b** est fausse. En effet, selon Hobbes, la première loi de nature interdit aux hommes de faire ce qui mène à la destruction de leur vie. Les hommes découvrent alors la règle de leur intérêt : « s'efforcer à la paix ».
- La réponse **c** est fausse : selon Kelsen, le droit naturel n'existe pas, car la nature est un mécanisme aveugle.

Biographie

Hans Kelsen (1881-1973), avocat, juge et philosophe, appartient au mouvement du positivisme juridique, dont l'ambition est de décrire objectivement tout système juridique sans faire appel à des valeurs morales extrinsèques au droit.

3 La nature est-elle un ensemble de lois ?

1. **Réponse c.** Selon Ovide, la nature vierge procure aux hommes et aux animaux tout ce qui est nécessaire à la survie.

2. **Réponse a.** Selon Heidegger, la conception mécaniciste de la nature réduit celle-ci à une abstraction mathématique.

La raison est-elle le propre de l'homme ?

40

☐ OK

La raison est la faculté qui permet de distinguer le vrai du faux et le bien du mal. En ce sens, elle semble importante aussi bien d'un point de vue théorique que d'un point de vue pratique. Pour autant, permet-elle de définir l'homme et de le distinguer des autres animaux ?

I La raison est le propre de l'homme

- L'homme se distingue des animaux en ce qu'il possède une raison. C'est ce qu'affirme Aristote dans la *Politique* : les animaux possèdent une voix (*phonè*) qui leur permet de manifester leurs sensations. Les hommes possèdent la parole (*logos*) qui leur permet non seulement de manifester leurs sensations, mais aussi de former des abstractions comme l'utile et le nuisible, le juste et l'injuste ▶ FICHE 28.

À noter

Le terme ***logos*** désigne à la fois la parole, le discours et la raison, que la langue française distingue. En effet, c'est par le discours que les hommes témoignent de leur capacité à réfléchir et à former des abstractions.

- Que l'homme possède la raison montre qu'il n'est pas un simple animal et qu'il ne se réduit pas à ses besoins d'ordre biologique. Il est capable de penser, de parler et de s'accorder avec ses semblables. C'est en ce sens, pour Aristote, que « l'homme est un animal politique. »

II Le démenti de l'expérience

Si la raison est le propre de l'homme, c'est que celui-ci a vocation à chercher la vérité et à y conformer ses actions. La raison est à la fois un idéal théorique et un idéal pratique. Cependant, l'expérience semble démentir cette vocation.

1 De l'erreur à la folie

- Posséder la raison ne garantit pas l'accès à la vérité. Les hommes se trompent souvent : ils pensent avoir raison quand ils ont en fait tort, ils croient savoir mais ne savent pas. N'ayant pas toujours conscience de leurs limites, ils entrent en conflit avec les autres et imposent par la violence leurs idées.

- Montaigne est sceptique : dans ses *Essais*, il montre l'impuissance de l'homme à connaître parfaitement le réel. Les opinions s'opposent sans que l'homme dispose d'un critère de vérité.

2 Le statut de l'animal

Si l'homme a longtemps cru à sa supériorité sur les autres animaux, de nombreux phénomènes témoignent d'une intelligence animale. Qu'il s'agisse du langage, de l'habileté technique ou de la sociabilité, les animaux sont capables de réalisations qui relativisent l'idée selon laquelle la raison serait le propre de l'homme ▶ FICHE 56.

III La raison : un idéal à réaliser

- Il faut cependant distinguer raison et intelligence. C'est ce qu'affirme Descartes dans le *Discours de la méthode* : « Ce n'est pas assez d'avoir l'esprit bon, mais le principal est de l'appliquer bien. » Si tous les hommes possèdent la raison, entendue comme la faculté de distinguer le vrai du faux, ils doivent apprendre à s'en servir en s'armant d'une méthode qui évite soigneusement l'erreur et la précipitation.

> **Mot clé**
> L'**intelligence** désigne les qualités de l'esprit qui permettent d'atteindre la vérité plus rapidement et plus efficacement.

- Cette distinction entre raison et intelligence permet d'affirmer que la raison est bien le propre de l'homme. On peut donc distinguer l'intelligence animale, qui relève d'un instinct, et la raison humaine, qui permet à l'homme de réfléchir par lui-même. Celle-ci renvoie à un idéal d'autonomie : l'homme cherche à devenir le fondement de ses pensées et de ses actes. Il apprend à devenir rationnel et raisonnable, en osant penser et se déterminer par lui-même ▶ FICHE 33.

L'ESSENTIEL

La raison est-elle le propre de l'homme ?

- **Aristote :** que l'homme seul possède la parole (***logos***) fait de lui un « **animal politique** » et témoigne de sa vocation propre qui est d'accéder à la raison
- **Montaigne et les sceptiques :** le spectacle du monde témoigne de l'incapacité de l'homme à agir et à penser selon la raison

Peut-on rendre raison de tout ?

41

☐ OK

La raison renvoie à la volonté de l'homme de comprendre le monde qui l'entoure et de se comprendre lui-même. Mais la tentative de rendre raison de tout n'a-t-elle pas des limites ? Si oui, ces limites sont-elles synonymes d'une faiblesse constitutive de la raison ?

I Qu'est-ce que chercher à rendre raison de tout ?

- D'un point de vue théorique, rendre raison signifie **expliquer un phénomène**, c'est-à-dire dégager les causes qui permettent d'en rendre compte. Par exemple, on rend raison de la fumée en la rapportant au feu qui la cause. Par une synthèse, on relie les deux phénomènes, en montrant que l'un est la cause de l'autre.
- D'un point de vue pratique, rendre raison de ses paroles ou de ses actes signifie les **justifier**. Par exemple, les parents justifient la punition qu'ils ont donnée à leur enfant en lui en indiquant les raisons. Cela implique la responsabilité du sujet, capable d'expliquer les raisons qui l'ont amené à agir ainsi plutôt qu'autrement.
- Dans les deux cas, vouloir rendre raison de tout semble un projet ambitieux mais légitime, qui se rapporte à un **idéal de connaissance complète** de soi et du monde. Cela donne à l'homme un pouvoir sur le réel, comme le montre la citation d'Auguste Comte : « Savoir pour prévoir, afin de pouvoir. »

II Un projet impossible et inutile

1 Une tâche infinie

Cependant, rendre raison de tout paraît être un **idéal démonstratif impossible à atteindre**. Premièrement, l'homme s'interroge sur des choses dont il ne peut pas faire l'expérience. Or notre connaissance suppose une expérience. Deuxièmement, toute démonstration repose sur des principes qu'il faut avoir préalablement démontrés. Tenter de rendre raison de tout serait donc une tâche infinie.

2 Et l'intuition dans tout ça ?

- Bien plus, vouloir rendre raison de tout semble un projet inutile. Certaines choses ne s'expliquent pas et laissent la raison sans réponse.

Peut-on par exemple justifier ses sentiments ou ses goûts ? Certains actes semblent irrationnels. La raison doit donc **admettre son impuissance** à rendre raison de tout et laisser la place à l'intuition. C'est ce que signifie la citation de Pascal à propos de la croyance religieuse : « Le cœur a ses raisons que la raison ne connaît point. » Le cœur saisit des vérités que la raison est incapable de démontrer ▶ FICHE 45.

> **Mot clé**
>
> L'**intuition** désigne la faculté qui permet de saisir immédiatement quelque chose. Elle ne présuppose pas de réflexion.

III Faut-il renoncer à rendre raison de tout ?

La raison a donc des limites et on ne peut rendre raison de tout. Mais ces limites ne sont pas nécessairement un échec à la volonté de connaissance de l'homme. Elles montrent que l'homme doit **réduire le champ de ses investigations** pour mieux assurer son savoir. Ainsi, la raison détermine par elle-même les limites à l'intérieur desquelles un discours rationnel est possible.

Dans la *Critique de la raison pure*, Kant montre que la raison doit **accorder une place à la croyance** et s'en tenir à connaître ce dont on peut faire l'expérience.

Il s'agit donc de trouver un juste milieu entre la volonté de tout démontrer, impossible à satisfaire, et le refus de toute démonstration, qui serait un renoncement à la vérité. C'est dans **l'expérience de ses limites** que la raison est capable de progresser : ce qui paraît inexplicable aujourd'hui pourra peut-être s'expliquer demain. Cela montre que la raison n'est pas seulement l'application de règles, mais qu'elle demande une forme d'inventivité.

L'ESSENTIEL

Peut-on rendre raison de tout ?

- **Comte :** la raison s'attache à tout expliquer, permettant le progrès
- **Pascal :** « Le cœur a ses raisons que la raison ne connaît point. »
- **Kant :** la raison détermine les limites de son champ de compétences en laissant une place à la croyance

Faut-il toujours être raisonnable ?

42

☐ OK

La raison ne renvoie pas seulement au désir de vérité, mais aussi à l'exigence de pouvoir toujours répondre de ses actions. Il s'agit d'être raisonnable et de ne pas se laisser emporter par ses passions. Mais n'est-ce pas courir le risque de confondre le bonheur avec une vie sans saveur ?

I « Rien de trop »

Dès l'Antiquité, recherche du bonheur et raison ont été associées. Contre les excès des désirs ou des passions, telles que la colère ou la jalousie, il s'agirait de mener une vie conforme à la raison. Les Grecs opposaient la mesure, qui conduit l'homme au bonheur, à l'*hybris*, la démesure, qui conduit les hommes au malheur et à l'immoralité. L'adage « rien de trop » illustre cet éloge de la vie raisonnable.

À noter

Deux adjectifs sont dérivés du terme « raison ».

- **Rationnel** renvoie plutôt à une dimension logique : est rationnel ce qui est conforme aux principes logiques propres à la raison.
- **Raisonnable** se rapporte plutôt à une dimension pratique.

Platon, dans *La République*, considère que l'âme humaine est divisée en trois instances : la raison, qui correspond à la tête ; l'ardeur, qui renvoie au cœur ; les désirs, qui se rapportent au ventre. Le bonheur correspond à une harmonie entre ces trois instances : la raison doit discipliner les passions pour permettre la tranquillité. À l'inverse, être déraisonnable conduirait au malheur.

II Faire l'éloge de la folie ?

1 Une vie d'ennui ?

La position de Platon est cependant ambiguë. Dans son dialogue intitulé *Gorgias*, il met en scène un débat opposant Socrate et Calliclès. Si Socrate défend l'idéal de mesure et de vie conforme à la raison, Calliclès s'y oppose fermement en montrant que Socrate confond bonheur et ennui. Une vie raisonnable ne conduit pas à une vie intense, mais à une existence ennuyeuse et fade, qu'il compare à l'existence d'une pierre.

2 Savoir prendre des risques

- En effet, ne faut-il pas, pour être heureux, laisser une place à l'imprévisible, à l'excès ? Contre une vie de calcul et de mesure, il faut certainement savoir prendre des risques pour être heureux. L'idée selon laquelle il faut toujours être raisonnable repose sur une conception péjorative du désir, comme si tout désir était trouble et porteur de conséquences négatives.

> **Mot clé**
>
> On oppose traditionnellement raison et **désir**. La raison renverrait à la maîtrise de soi, tandis que le désir, compris comme un manque, serait ce qui nous dépossède de nous-mêmes.

- Dans un essai ironique, Érasme fait « l'éloge de la folie ». Cette dernière est personnifiée et s'exprime : elle qui est tant décriée est en réalité ce qui donne sa saveur à l'existence. En faisant disparaître les hésitations et les craintes que la raison ne manque pas de créer, la folie permet d'être heureux et de jouir pleinement de l'existence.

III Vivre selon la raison : une aventure ?

- Cependant, faut-il opposer raison et intensité de vie ? On peut considérer qu'il est raisonnable de savoir prendre des risques et de se laisser aller. Il ne faut pas confondre une vie raisonnable avec une complète maîtrise de soi. Puisque l'on ne peut pas prévoir toutes les conséquences de ses actions, car l'avenir est contingent, la raison implique un calcul des chances qui n'exclut pas l'audace.

- On appelle prudence la vertu qui permet de se déterminer à partir d'un calcul des risques que l'on prend en agissant. Aristote, dans l'*Éthique à Nicomaque*, montre qu'elle permet de prendre des décisions à partir d'une réflexion sur les conséquences, toujours imprévisibles, de nos actions. Elle est une des conditions de notre bonheur.

L'ESSENTIEL

Faut-il toujours être raisonnable ?

- **Platon :** être raisonnable permet d'être heureux en évitant la démesure (*hybris*)
- **Érasme :** être déraisonnable donne sa saveur à l'existence
- **Aristote :** à défaut d'être en mesure de tout prévoir, il faut faire preuve de prudence

Quiz EXPRESS

43

Avez-vous bien révisé les fiches 40 à 42 ? On vérifie !

La raison

1 La raison est-elle le propre de l'homme ?

▶ FICHE 40

1. Parmi les affirmations suivantes, laquelle est vraie ?

☐ **a.** Pour Aristote, la *phonè* distingue l'homme de l'animal.

☐ **b.** Raison et intelligence sont synonymes.

☐ **c.** Pour Descartes, tous les hommes possèdent la raison.

2. Pour Aristote « l'homme est un animal politique », car...

☐ **a.** il est passionné par les affaires publiques.

☐ **b.** il est capable d'abstractions.

☐ **c.** il est capable d'exprimer autre chose que ses sensations.

2 Peut-on rendre raison de tout ?

▶ FICHE 41

1. D'après Auguste Comte, que faut-il ?

☐ **a.** « Savoir pour pouvoir, afin de prévoir. »

☐ **b.** « Pouvoir pour prévoir, afin de savoir. »

☐ **c.** « Savoir pour prévoir, afin de pouvoir. »

2. Pour Kant...

☐ **a.** il est impossible d'atteindre la vérité.

☐ **b.** nos connaissances sont limitées par l'expérience.

☐ **c.** nos connaissances ne sont pas dépendantes de l'expérience.

3 Faut-il toujours être raisonnable ?

▶ FICHE 42

1. On peut définir la prudence comme...

☐ **a.** le fait de ne jamais prendre de risques.

☐ **b.** le fait de mesurer les risques qu'on prend.

☐ **c.** une vertu.

☐ **d.** un vice.

2. Le terme « *hybris* » signifie...

☐ **a.** la démesure. ☐ **b.** l'ambition. ☐ **c.** la simplicité.

CORRIGÉS

1 La raison est-elle le propre de l'homme ?

1. Réponse c.

• La réponse **a** est fausse. C'est le *logos* qui distingue l'homme de l'animal.

• La réponse **b** est fausse. La raison est la faculté de distinguer le vrai du faux, l'intelligence est quant à elle l'aptitude à le faire rapidement.

• La réponse **c** est vraie. La raison est universelle.

2. Réponse b. La raison renvoie à la capacité de former des abstractions dont témoigne le langage articulé.

2 Peut-on rendre raison de tout ?

1. Réponse c. Selon Auguste Comte, la connaissance nous permet d'agir et de progresser, nous conférant un pouvoir sur le réel.

À noter

La devise de la philosophie d'Auguste Comte est « **ordre et progrès** » : le développement de la science entraîne pour lui un progrès moral et social. C'est aussi la devise du Brésil depuis 1889 !

2. Réponse b. L'homme ne peut connaître que les phénomènes dont il fait l'expérience, selon Kant.

3 Faut-il toujours être raisonnable ?

1. Réponses b et c. Il ne faut pas confondre la prudence et le manque d'audace.

2. Réponse a. Pour les Grecs, l'*hybris* est responsable du malheur des hommes.

La religion est-elle réductible à de la superstition ?

44

☐ OK

Dans la mesure où la croyance religieuse renvoie à un acte de foi, et non à une preuve scientifique, il est tentant de rapprocher religion et superstition. Pourtant, la religion met en jeu un engagement plus fort.

I La religion comme croyance supérieure

1 Le sacré et le profane

- On définit la religion comme un ensemble cohérent de croyances et de pratiques partagées par une communauté. Mircea Eliade montre que le point commun entre toutes les religions est la distinction entre le sacré et le profane.

- Le temps et l'espace sont hétérogènes. L'espace sacré (le lieu de culte) et les temps sacrés (les fêtes, les pèlerinages) imposent à l'homme d'adopter un comportement réglé par des rites précis.

Mots clés

- Le **sacré** désigne ce qui implique pour l'homme une attitude de respect.
- Le **profane** désigne ce qui n'a pas de valeur en soi et n'engage aucun comportement particulier.

2 L'expérience d'une entité supérieure

- Cette distinction entre sacré et profane s'appuie sur l'expérience d'une entité supérieure, soit immédiate, soit par l'intermédiaire d'un texte sacré. Cette expérience engage l'individu dans une démarche de conversion. La personne convertie adopte une disposition intérieure qui la convainc de respecter de nouvelles règles.

- En ce sens, la religion s'oppose à la superstition, laquelle renvoie à une pratique irrationnelle qui ne se rapporte pas à un ensemble de croyances et de rites cohérents. La peur de passer sous une échelle par exemple mélange bon sens et inquiétude irrationnelle, sans mettre en jeu une volonté de conversion et de cohérence dans la vie humaine. La religion semble donc supérieure à la superstition.

II Religion et superstition : du pareil au même ?

- Hume montre que c'est la tendance naturelle à attribuer des qualités humaines (sentiments, apparence, etc.) à tous les objets qui conduit à la superstition. L'homme a besoin de se rassurer devant l'étrangeté du monde : telle est la cause même de la superstition comme de la religion.

- S'il n'est pas toujours mécanique dès l'origine, l'accomplissement de certains rites comme la prière peut le devenir. Il n'engage dès lors plus l'individu dans une démarche de conversion. De même, certaines croyances peuvent être répétées sans jamais être interrogées, ce qui conduit à une forme de **dogmatisme** ▶ FICHE 64. Dès lors, la religion peut se transformer en superstition.
- Bien plus, peut-on réduire complètement la religion à de la superstition ? En effet, quelles que soient les bonnes intentions de celui qui croit, ses croyances et ses actes ne finissent-ils pas toujours par prendre la forme d'une **habitude irrationnelle et mécanique** ?

III La foi comme tension permanente

- Bergson oppose la religion statique et la religion dynamique. La **religion statique** (la superstition) figurerait un ensemble de fictions figées qui consolent l'individu, tandis que la **religion dynamique** renverrait à un effort créatif de l'individu qui cherche à donner sens à sa vie.
- Si le risque de dégradation de la religion en superstition est avéré, il faut néanmoins admettre que la plupart des croyants ont conscience de ce risque. Loin de le considérer comme un obstacle à leur foi, ils y voient davantage un moyen d'**interroger en permanence** leurs croyances et leurs pratiques.
- Simone Weil présente la foi comme un **effort permanent pour viser un bien ultime**, en luttant contre toute forme d'idolâtrie. Dans cette perspective, il importe de distinguer foi et crédulité : la crédulité consiste à croire tout ce qui peut rassurer l'individu, tandis que la foi oblige à un examen véritable des différentes croyances. En ce sens, la foi n'est pas forcément confortable pour le croyant.

L'ESSENTIEL

La religion est-elle réductible à de la superstition ?

- **Hume :** superstition et religion ont toutes deux pour origine la tendance naturelle de l'homme à attribuer des qualités humaines aux choses
- **Simone Weil :** les pratiques superstitieuses nuisent à une foi authentique qui refuse toute forme d'illusion

La religion s'oppose-t-elle à la raison ?

45

☐ OK

Parce que certains passages des textes dits sacrés vont à l'encontre du discours scientifique, foi et raison semblent s'opposer. Tout au moins, elles seraient deux moyens différents de connaître la réalité.

I Le conflit entre la foi et la raison

1 Croire ou démontrer ?

La raison implique de rechercher des preuves de ce qu'on admet pour vrai. Elle exige un effort de justification permanent, soit par l'expérience, soit par l'argumentation. Au contraire, la foi se définit comme une confiance aveugle envers une personne, un texte, indépendamment de toute preuve. Dès lors, foi et raison semblent inconciliables.

Attention

La **foi** peut impliquer des doutes et des inquiétudes. Au contraire, le **fanatique** ne remet jamais en cause ses croyances et tente de les imposer aux autres.

2 Peut-on prouver l'existence de Dieu ?

- De nombreux philosophes et théologiens ont cherché à prouver l'existence de Dieu. Ils se sont appuyés tantôt sur la beauté et la régularité du monde pour en déduire l'existence d'une intelligence supérieure et créatrice, tantôt sur l'idée de la perfection divine qui implique l'existence de Dieu.

- Selon Kant, il est impossible de prouver l'existence de même que l'inexistence de Dieu. Cette question ne relève pas de l'entendement, puisque l'existence d'une chose ne se démontre pas. Dans la *Critique de la raison pratique*, Kant déplace la question de l'existence de Dieu sur le plan pratique et moral : elle est une hypothèse moralement nécessaire. Agir moralement suppose de postuler l'existence de Dieu comme ce qui impose de rechercher le bien.

3 La foi : un dépassement de la rationalité ?

- Si le croyant ne peut prouver l'existence de Dieu, il peut justifier sa foi en s'appuyant sur différentes expériences, lesquelles n'ont pas en elles-mêmes de valeur scientifique. Il fonde ses propos en particulier sur les témoignages de proches ou de grandes figures spirituelles, ainsi que sur son expérience intime.

- La foi n'est pas disqualifiée du simple fait qu'elle ne se justifie pas aux yeux de la raison. Elle renvoie à **une confiance** qui, par-delà la raison, admet la vérité de certaines propositions.

- Elle engage aussi des actes. Kierkegaard parle d'**un « saut » qui permet de donner du sens à l'existence**. Par exemple, on peut croire que Dieu veut le meilleur pour l'homme indépendamment du mal dont on fait l'expérience sur terre.

II Réconcilier foi et raison ?

- On pourrait dire que le conflit entre foi et raison n'est qu'apparent et qu'en réalité ces deux facultés cohabitent, chacune ayant **son propre domaine de validité**. Pascal, par exemple, distingue les vérités accessibles par la raison et les vérités accessibles par le cœur. La raison renvoie à une connaissance discursive, par démonstration, tandis que la foi renvoie à une intuition immédiate.

- Pourtant, cette tentative de réconcilier foi et raison renvoie toujours à une **hiérarchie implicite** entre les deux facultés. La raison devrait s'humilier et reconnaître ses limites devant une foi triomphante, qui nous donnerait accès à une vérité plus importante. La raison serait réduite à deux rôles : s'intéresser aux questions secondaires, qui n'influencent guère le sens de notre vie, ou bien préparer le cœur humain à accepter la foi. On pourrait inverser cette hiérarchie : la foi devrait alors s'humilier devant les exigences démonstratives de la raison.

- Plutôt que de tenter à tout prix de réconcilier les deux termes, ne vaudrait-il pas mieux maintenir la tension entre foi et raison ? En ce sens, **Ricœur distingue « problème » et « appel »**. La raison répond à des problèmes que nous formulons, qu'il s'agisse des sciences ou de la philosophie. La foi répond à un appel qui est reçu à partir d'un texte ou d'une tradition. Un écart entre raison et foi est maintenu, mais on reconnaît son caractère fécond : il permet aussi bien le progrès de la raison qu'une foi plus intelligente.

L'ESSENTIEL

La religion s'oppose-t-elle à la raison ?

- **Pascal :** la foi ne s'oppose pas à la raison mais lui est supérieure
- **Ricœur :** il faut maintenir la tension entre foi et raison pour leur permettre de progresser

Peut-on se passer de religion ?

46

☐ OK

On estime actuellement que 84 % de la population mondiale est croyante. Il semble que la religion remplisse des fonctions qui lui sont propres : lesquelles ? Peut-on imaginer un monde sans religion ?

I La fonction psychologique de la religion

- La religion a d'abord une fonction psychologique : elle permet de rassurer l'individu devant l'étrangeté du monde et de donner du sens à sa vie. La mort paraît moins effrayante quand elle est rapportée à un projet divin pour l'homme. En effet, les idées de vie éternelle ou de réincarnation peuvent rendre l'événement de la mort moins douloureux.

- Selon Freud, la croyance en Dieu n'est pas une erreur, mais plutôt une illusion. Elle provient d'un besoin infantile de sécurité, qui consiste à projeter vers une entité supérieure tous les attributs de la puissance. L'individu peut ainsi se sentir protégé. Si la religion était une erreur, il serait facile de s'en passer : il suffirait de connaître la vérité. En tant qu'illusion, il est plus difficile de s'en défaire car elle comble un besoin humain fondamental.

Mots clés

- Pour Freud, une **erreur** consiste à manquer la vérité par manque de connaissance ou d'attention.
- L'**illusion** renvoie à un désir inconscient qui empêche l'individu d'atteindre la vérité.

II La fonction sociale de la religion

- La religion revêt aussi une dimension collective : elle permet de souder une communauté qui partage les mêmes valeurs (l'entraide, la charité, le refus de la violence…), les mêmes croyances et les mêmes pratiques. Dans cette perspective, elle serait une forme de ciment indispensable à la société.

- Marx voit dans la dimension collective de la religion un danger pour l'émancipation des hommes : « La religion est l'opium du peuple. » Certes, elle crée des formes de solidarité et permet aux hommes de supporter leurs conditions d'existence.

Étymologie

Le mot **religion** vient du latin *religare* (« relier »). Non seulement la religion relie l'homme à un ou plusieurs dieux, mais elle relie aussi les hommes entre eux.

Elle apporte un réconfort. Mais en même temps, elle empêche l'homme de modifier concrètement sa vie : l'homme continue d'attendre d'un dieu un secours, au lieu d'agir dans l'espace public pour créer un monde meilleur. Il faut donc apprendre à se passer de religion pour ne pas être condamné à l'impuissance.

III De la religion au sacré

1 Les substituts de la religion

Il semble possible de se passer des fonctions psychologique et sociale de la religion en remettant en cause certaines traditions et en inventant de nouvelles institutions. Par exemple, si la religion n'assure plus le lien social, la vie associative ou l'engagement citoyen peut prendre le relais. Ainsi, la vie en société peut se construire autour d'institutions non religieuses qui se substituent aux anciennes structures religieuses.

2 La permanence du sacré

- Mais, si l'homme peut se passer de religion, peut-il pour autant cesser de donner une valeur particulière à certaines choses ? N'éprouve-t-il pas toujours un besoin de sacré ? En effet, si les religions semblent en perte de vitesse dans certains pays, les hommes ne continuent pas moins d'accorder un caractère sacré à des choses (comme un drapeau), à des personnes (comme un chef politique), à des souvenirs de voyage, etc. Pour Mircea Eliade, même les sociétés les plus désacralisées conservent des croyances et des rites similaires à ceux des religions.
- Barthes prend l'exemple de la Citroën DS pour montrer que les hommes ont tendance à attribuer un caractère sacré à des objets du quotidien. Par son apparence, ses performances et l'imaginaire qu'elle met en jeu, une voiture peut être sacrée pour un groupe social.

L'ESSENTIEL

Peut-on se passer de religion ?

- **Freud :** la religion est une illusion déterminée par des désirs inconscients, ce qui explique qu'il est difficile de s'en passer
- **Marx :** la religion est une illusion qui permet au peuple de supporter sa misère mais l'empêche de se révolter contre la classe dominante
- **Mircea Eliade :** toutes les sociétés attribuent un caractère sacré à des idées ou à des choses

Quiz EXPRESS

47

Avez-vous bien révisé les fiches 44 à 46 ? On vérifie !

La religion

1 La religion est-elle réductible à de la superstition ?

FICHE 44

1. Reliez chaque type de religion à ses caractéristiques.

religion statique •	• croyance assimilable à de la superstition
religion dynamique •	• croyance qui renvoie à une forme de repli sur soi
	• croyance qui engage l'individu dans un processus de création

2. Pour Mircea Eliade, le point commun entre les religions est...

- ☐ a. qu'elles sont dangereuses pour la vie en société.
- ☐ b. qu'elles distinguent un domaine sacré et un domaine profane.
- ☐ c. qu'elles voient en l'espace et le temps des réalités hétérogènes.

2 La religion s'oppose-t-elle à la raison ?

FICHE 45

1. La foi désigne...

- ☐ a. une forme de connaissance démonstrative.
- ☐ b. une confiance indépendante de toute preuve.

2. « Le cœur a ses raisons que la raison ne connaît point »...

- ☐ a. montre que foi et raison sont une seule et même faculté.
- ☐ b. montre que foi et raison sont deux facultés distinctes.

3 Peut-on se passer de religion ?

FICHE 46

1. Pour Freud, la religion...

- ☐ a. est une illusion.
- ☐ b. provient d'un besoin infantile de sécurité.

2. Pour Marx, la religion...

- ☐ a. empêche les hommes de transformer le monde.
- ☐ b. permet le bonheur des hommes.

CORRIGÉS

1 La religion est-elle réductible à de la superstition ?

1. La **religion statique** désigne la superstition, c'est-à-dire une forme de repli sur soi qui empêche l'homme de penser par lui-même. La **religion dynamique** au contraire renvoie à une foi créative qui permet la pensée. Ces deux concepts ont été inventés par Bergson.

2. Réponses b et c. Pour Mircea Eliade, le point commun entre toutes les religions est la distinction entre le sacré et le profane, qui implique que l'espace et le temps ne soient pas des réalités homogènes.

À noter

Pour Mircea Eliade, dans la Bible, la première rencontre entre Dieu, sous la forme d'un **buisson ardent**, et Moïse, qui enlève ses sandales en sa présence, permet de bien comprendre la **distinction entre le sacré et le profane**.

2 La religion s'oppose-t-elle à la raison ?

1. Réponse b. Du latin *fides*, la foi désigne une confiance indépendante de toute preuve à l'égard de quelqu'un ou de quelque chose. On associe souvent ce terme à la religion, même si son usage dépasse ce seul domaine.

2. Réponse b. Cette citation de Pascal distingue la raison, moyen de connaissance discursive de la réalité, et la foi, intuition immédiate de la vérité.

3 Peut-on se passer de religion ?

1. Réponses a et b. Pour Freud, la religion est une illusion : les enfants se sentent en sécurité auprès de leurs parents. En grandissant ce sentiment s'étiole, si bien qu'ils finissent par projeter les qualités qu'ils attribuaient à leurs parents dans une entité supérieure, afin de se rassurer.

2. Réponse a. Pour Marx, la religion est le principal obstacle à ce que les hommes modifient leurs conditions d'existence. Les croyants se tournent vers Dieu pour comprendre leurs malheurs au lieu de s'intéresser concrètement à leurs causes réelles.

N'y a-t-il de connaissance que scientifique ?

48

☐ OK

Nombreux sont ceux qui prétendent connaître la vérité. Le discours scientifique paraît en être le prétendant le plus légitime. Quelle est sa spécificité ? Quelles en sont les caractéristiques ?

I Le lien entre science et connaissance

- On définit la science comme le processus historique par lequel les hommes cherchent à **connaître le monde**. Que ce soit par curiosité, pour se rassurer devant l'étrangeté du monde ou pour inventer des moyens d'améliorer leur quotidien, les hommes ont voulu comprendre le monde en cherchant à en dépasser les apparences.
- On oppose en ce sens l'opinion et la connaissance. **L'opinion est relative** au sujet qui l'énonce. Bien souvent elle n'est pas réfléchie, et témoigne de ce que tout homme est inscrit dans un contexte qui le détermine. Au contraire, la connaissance vise une forme d'universalité : tous doivent pouvoir se mettre d'accord quant à la vérité. **La connaissance se veut objective**, c'est-à-dire indépendante du sujet qui l'énonce.

II La science et ses concurrents

- Pourtant, l'opinion n'est pas nécessairement fausse et peut être aussi efficace que la connaissance. C'est ainsi que Platon montre la valeur de ce qu'il appelle, dans le *Ménon*, « **l'opinion droite** ». Quand un voyageur nous demande son chemin, nous pouvons lui indiquer la bonne route soit parce que nous la connaissons, soit par hasard.
- De là apparaissent d'autres prétendants à la vérité : **la tradition, le discours religieux ou les autorités politiques** peuvent être tentés de se substituer à la démarche scientifique, voire de la dénoncer comme inutile ou dangereuse ▶ FICHE 65.

III La spécificité de la connaissance scientifique

1 La méthode

- Ce qui définit la science, c'est l'idée de méthode. La recherche scientifique suit des **règles strictes** qui permettent d'exposer clairement les conditions dans lesquelles un résultat est obtenu. Cela permet une connaissance objective valable pour tous.

Descartes, dans le *Discours de la méthode*, présente **quatre règles à suivre pour atteindre la vérité**. D'abord, il ne faut admettre pour vrai que ce que l'on connaît évidemment être tel. Puis il faut décomposer les difficultés à résoudre en difficultés plus simples et les traiter de la plus simple à la plus complexe. Enfin, il faut vérifier l'ensemble du raisonnement pour être sûr de n'avoir rien oublié.

2 Théorie et expérience

Dans la démarche scientifique, théorie et expérience sont **étroitement mêlées**. D'une part, il faut décrire correctement les faits à expliquer, mais une telle description n'est possible qu'à partir d'une théorie préalablement conçue qui permettra d'organiser ces faits et de les rapporter les uns aux autres. D'autre part, l'expérimentation permet d'améliorer une théorie, par l'accumulation de nouveaux résultats et par la précision de plus en plus grande des conditions expérimentales.

3 La notion d'obstacle épistémologique

Cet effort de méthode et de vérification témoigne de ce que la science se développe en rupture avec d'autres discours qu'elle critique. Bachelard parle d'obstacles épistémologiques : la connaissance scientifique s'élabore toujours à partir de la **critique d'opinions ou de savoirs préalables**, que la science cherche à dépasser.

À noter

Le mot **épistémologie** vient du grec *épistémè*, qui désigne la science. L'épistémologie est donc l'étude de la science et cherche à comprendre les processus qui permettent l'établissement du savoir scientifique.

L'ESSENTIEL

N'y a-t-il de connaissance que scientifique ?

- **Platon :** « L'opinion vraie n'est pas un moins bon guide que la science quant à la justesse de l'action. »
- **Descartes :** la connaissance scientifique est supérieure en ce qu'elle implique une méthode
- **Bachelard :** l'élaboration du savoir scientifique consiste en un dépassement d'autres formes de savoir

Y a-t-il une différence entre sciences naturelles et sciences humaines ?

49

☐ OK

L'essor des sciences humaines à partir du XIXe siècle a conduit les philosophes à s'interroger sur les points communs et les différences entre sciences naturelles et sciences humaines. Peut-on connaître l'homme de la même façon que l'on connaît la nature ?

I Une distinction nécessaire

1 Deux objets différents

- Sciences de la nature et sciences de l'homme n'ont pas le même objet. Les **phénomènes naturels** semblent pouvoir devenir facilement un objet de connaissance. Par l'utilisation d'outils de mesure, on peut éliminer en eux tout ce qui relève d'une appréhension subjective. Par exemple, un segment n'est pas petit pour les uns et grand pour les autres : tous peuvent se mettre d'accord sur sa taille. L'**étude de l'homme** semble quant à elle problématique. Comment éliminer ce qui en l'homme est subjectif ?
- Certains scientifiques, comme Dilthey, ont montré le caractère irréductible des sciences humaines aux sciences de la nature. Les sciences humaines impliquent de toujours **prendre en compte un ressenti** qui est de l'ordre de la subjectivité. Le vécu formant un tout, il ne peut pas être décomposé et expliqué en termes de causalité.

2 Des enjeux différents

En ce sens, on distingue expliquer et comprendre. **Expliquer** consiste à dégager les causes d'un phénomène, ce qui est le propre des sciences de la nature. On explique la douleur en la rapportant au fonctionnement des nerfs par exemple. **Comprendre** implique de saisir le vécu d'un individu, qui n'est pas susceptible d'être décomposé. C'est donc le propre des sciences humaines. Comprendre la douleur d'une personne, c'est saisir ce qu'elle a d'unique et de proprement humain.

II Des parallélismes possibles

- Pourtant, qu'il s'agisse d'expliquer la nature ou de comprendre l'homme, c'est toujours **le même esprit** à l'œuvre. Descartes insiste sur ce point en montrant que, par-delà la variété des objets qu'il embrasse, l'esprit s'attache à **suivre les mêmes règles pour connaître le réel** :

l'évidence, l'analyse, l'ordre et le dénombrement. En effet, qu'il s'agisse des sciences de la nature ou des sciences humaines, l'esprit suit les mêmes principes : le principe de non-contradiction et le principe de raison suffisante.

À savoir

- Le **principe de non-contradiction** implique qu'un discours, pour être valable, ne doit pas contenir de contradiction.
- Le **principe de raison suffisante** suppose que tout phénomène a une cause et qu'aux mêmes causes répondent les mêmes effets.

Des scientifiques ont ainsi défendu l'idée selon laquelle les sciences humaines devaient suivre les mêmes méthodes que les sciences de la nature. Ainsi, pour Durkheim, il faut étudier les comportements de l'homme de la même façon qu'on étudie les phénomènes naturels, en essayant de repérer des régularités et en fixant des lois.

III Une distinction enrichissante

Ainsi, l'esprit doit faire preuve de créativité devant la variété des objets qu'il cherche à connaître. Dans la douzième des *Règles pour la direction de l'esprit*, Descartes montre qu'il faut savoir mobiliser « toutes les ressources de l'intelligence, de l'imagination, des sens, de la mémoire » pour pouvoir s'adapter à la spécificité de chaque objet. En ce sens, la science met bien en jeu des formes de créativité et d'inventivité.

Il y a donc une tension entre, d'un côté, la volonté de respecter la spécificité de chaque objet et, de l'autre, le dialogue entre les différentes sciences qui leur permet de progresser. Par exemple, le développement de la chimie ou de l'imagerie médicale a eu un impact sur l'histoire et l'archéologie.

L'ESSENTIEL

Sciences naturelles = sciences humaines ?

Durkheim : les sciences humaines doivent suivre les mêmes règles que les sciences naturelles

Dilthey : « La nature, on l'explique ; la vie de l'âme, on la comprend. »

Peut-on tout attendre de la science ?

50

☐ OK

La science joue un grand rôle dans les sociétés contemporaines. Ses résultats ont une efficacité pratique telle qu'il semble légitime d'avoir beaucoup d'attentes à son égard. Elle pourrait améliorer la vie, nous dicter nos codes de conduite. Mais est-ce là véritablement son rôle ?

I Science et progrès

- Dans la mesure où la science repose sur la volonté de penser par soi-même en s'appuyant sur la raison, elle semble être un progrès par rapport à d'autres discours qui veulent s'imposer comme des dogmes qu'on ne peut pas remettre en cause. Ainsi, les philosophes des Lumières voyaient dans le développement de la science le meilleur moyen de lutter contre toute forme d'obscurantisme.

- Il paraît donc légitime d'avoir confiance en la science, que ce soit individuellement ou collectivement. Dans le *Discours de la méthode*, Descartes montre que la science ne doit pas seulement être un discours théorique, mais qu'elle doit avoir aussi des conséquences pratiques susceptibles d'améliorer les conditions de vie de l'homme.

II Les limites de la science

- Cependant, n'est-il pas déraisonnable de tout attendre de la science ? Premièrement, certaines questions qui intéressent l'homme ne paraissent pas pouvoir être résolues grâce aux sciences. En effet, l'homme peut se poser des questions métaphysiques (quant à l'existence de Dieu, de l'âme) qui dépassent les limites de la science. Deuxièmement, le caractère historique de la science montre qu'il faut être vigilant quant à la valeur de ses résultats, car ce qui semble être vrai pour une époque ou une génération ne l'est pas nécessairement et pourra un jour être mis en cause et invalidé.

> **À noter**
>
> On appelle **scientisme** l'idée selon laquelle le développement de la science permettra immanquablement un progrès de la société.

- Il faudrait donc être méfiant à l'égard des discours qui s'appuient sur l'autorité scientifique, dans la mesure où il est possible d'en instrumentaliser les résultats. Arendt montre ainsi que les régimes totalitaires s'appuient sur des discours d'apparence scientifique pour en faire des **instruments de pouvoir** : le régime hitlérien sur la notion de race, le régime stalinien sur l'idée d'un sens de l'histoire.

- Mais, à l'inverse, une **défiance complète** à l'égard de la science semble **tout aussi déraisonnable** dans la mesure où elle conduit l'individu à s'en remettre à des discours qui ne s'appuient sur aucune méthode pour établir la validité des propositions qu'ils défendent.

III L'autorité de la science

- Dès lors, il convient de circonscrire les domaines dans lesquels l'autorité de la science est légitime. Max Weber distingue ainsi le domaine du savant et le domaine du politique. **Le savant doit expliquer le réel**, ce qui n'implique pas de considération quant à ce qui doit être. « La science contribue à une œuvre de clarté », elle n'est pas un discours prophétique qui indiquerait aux hommes la façon dont ils devraient se comporter.
- À l'inverse, **le domaine du politique est celui de l'imprévisibilité** : dans la mesure où les conséquences de nos actions sont imprévisibles, la science ne peut pas répondre à toutes nos questions.
- Bien plus, ce qui fait la valeur de la science, c'est qu'elle énonce elle-même les limites entre lesquelles elle se tient. Elle ne s'impose pas comme un dogme auquel il faudrait croire, mais implique la liberté de penser et la possibilité d'une discussion. Popper montre ainsi que le propre d'une théorie scientifique est de **pouvoir être réfutée**. Cet argument le conduit par exemple à remettre en cause le caractère scientifique de la psychanalyse ▶ FICHE 26.

L'ESSENTIEL

Peut-on tout attendre de la science ?

- **Descartes :** la science a une efficacité pratique telle qu'elle a une autorité légitime
- **Arendt :** un discours d'apparence scientifique peut devenir un instrument de pouvoir
- **Max Weber :** il faut circonscrire le domaine de validité de la science

Quiz EXPRESS

51

Avez-vous bien révisé les fiches 48 à 50 ? On vérifie !

La science

1 N'y a-t-il de connaissance que scientifique ?

▶ FICHE 48

1. Associez les concepts à leurs caractéristiques.

	• universel
connaissance •	• particulier
opinion •	• subjectif
	• objectif

2. Un obstacle épistémologique est...

- ☐ **a.** un obstacle infranchissable pour la science.
- ☐ **b.** un obstacle qui permet à la science de progresser.
- ☐ **c.** un obstacle moral qui limite certaines expériences.

2 Y a-t-il une différence entre sciences naturelles et sciences humaines ?

▶ FICHE 49

Expliquer, c'est...

- ☐ **a.** dégager les causes d'un phénomène.
- ☐ **b.** anticiper les conséquences d'un phénomène.
- ☐ **c.** décrire le vécu d'un individu.
- ☐ **d.** saisir ce qu'il y a d'unique dans une expérience.

3 Peut-on tout attendre de la science ?

▶ FICHE 50

1. Pour Descartes, la science...

- ☐ **a.** ne sert à rien d'utile.
- ☐ **b.** a une utilité pratique.

2. Pour Popper, tout discours scientifique...

- ☐ **a.** doit être réfutable.
- ☐ **b.** ne doit pas être remis en question.
- ☐ **c.** a un caractère définitif.
- ☐ **d.** a un caractère historique.

CORRIGÉS

1 N'y a-t-il de connaissance que scientifique ?

1. La connaissance est universelle et objective, tandis que l'opinion est particulière et subjective. En ce sens, on considère que la connaissance, indépendante du sujet qui l'énonce, est supérieure à l'opinion.

2. **Réponse b.** La science a besoin d'obstacles qu'elle peut critiquer pour progresser. C'est en remettant en cause les théories du passé ou les opinions communes qu'elle peut se développer.

2 Y a-t-il une différence entre sciences naturelles et sciences humaines ?

Réponse a. L'explication est au cœur des sciences de la nature. Il s'agit, pour chaque phénomène, de dégager les causes qui en expliquent l'apparition. La compréhension est au cœur des sciences humaines : elle renvoie au caractère unique et indécomposable d'un vécu humain en partant de l'échelle individuelle.

3 Peut-on tout attendre de la science ?

1. **Réponse b.** La science doit avoir une utilité pratique : elle permet notamment l'invention d'objets techniques et l'amélioration de la santé.

2. **Réponses a et d.** Pour Popper, une théorie scientifique implique la possibilité de la réfutation. Elle doit être falsifiable. Toute théorie que l'on ne peut pas remettre en question ou réfuter n'est pas scientifique.

Mot clé

La **falsifiabilité** d'une théorie ou d'une hypothèse est la possibilité de la critiquer. Pour Popper, la falsifiabilité permet de distinguer un discours scientifique d'un discours non scientifique.

La valeur d'une civilisation se reconnaît-elle à sa technique ?

52

☐ OK

Les civilisations humaines sont variées. Certaines, comme la civilisation de l'Europe occidentale, ont davantage développé la technique que d'autres. Le développement des techniques est-il la marque du progrès d'une civilisation ?

I Technique, progrès et puissance

1 La maîtrise de la nature

- Si la technique constitue un critère de valeur d'une civilisation, c'est parce qu'elle permet l'amélioration de la vie humaine par le biais d'une maîtrise efficace de la nature ▶ FICHE 57. Pour Francis Bacon, le développement des sciences et des techniques rend envisageable le progrès indéfini de l'esprit humain. Ce progrès tend vers une situation idéale, où seraient comblés tous les désirs des hommes et où leurs conduites seraient enfin moralement bonnes.

Mot clé

Terme équivoque, le mot **civilisation** désigne les progrès accomplis par l'humanité dans une nation, un idéal à atteindre, ou encore, de manière neutre, l'ensemble des traits qui caractérisent une société donnée.

- Les civilisations qui connaissent une technique fortement développée sont aussi celles où les besoins matériels humains sont les mieux satisfaits. Les travaux y sont facilités par l'usage d'instruments et de machines toujours plus perfectionnés et les rendements (agricoles notamment) y sont accrus.
- La technique permet d'offrir aux hommes une vie plus aisée, plus confortable, et de réaliser de grands rêves de l'humanité : voler, conquérir l'espace, marcher sur la Lune et peut-être bientôt sur Mars.

2 La domination économique et politique

- C'est grâce au développement des techniques maritimes, militaires et commerciales que les États européens ont pu bâtir jadis un empire colonial. Aujourd'hui, la possession d'une technique développée signe la puissance d'un État, lequel impose ses règles à d'autres États.

À noter

La **puissance** ne caractérise pas ici une simple capacité, mais la manifestation concrète d'un pouvoir d'action, d'une force.

- Dès lors, il est tentant de hiérarchiser les civilisations en fonction de leurs développements techniques propres. On se représente alors chacune d'elles comme **une étape dans un grand processus évolutif** entraînant l'humanité entière vers des formes de civilisations toujours plus technicisées.

II Le caractère relatif des valeurs

1 Le risque de l'ethnocentrisme

- Pour les membres d'une civilisation fortement développée techniquement, comme le relève Lévi-Strauss, les civilisations qui empruntent une autre voie semblent stationnaires. Cette évaluation exprime, en réalité, une **incompréhension** : un observateur extérieur à une civilisation projette sur celle-ci un critère qui ne vaut que pour une civilisation singulière.

- Ainsi, là où nous croyons déceler l'immobilisme d'une civilisation, nous ne faisons qu'exprimer notre ignorance pour ses intérêts véritables. Autrement dit, les civilisations ont tendance à se mépriser parce qu'elles ne se ressemblent pas. Il s'agit là d'ethnocentrisme : nous faisons du groupe ethnique auquel nous appartenons le **modèle de référence**.

2 D'autres critères de valeur possibles ?

- La civilisation occidentale, depuis deux ou trois siècles, s'est consacrée au progrès des techniques, en vue d'offrir à l'homme des moyens mécaniques de plus en plus puissants. **L'erreur est d'ériger ce fait en critère universel.**

- En retenant d'autres critères, on obtiendrait des **évaluations bien différentes**. Si l'on privilégie, par exemple, le degré d'aptitude à triompher des milieux géographiques les plus hostiles, les civilisations des Esquimaux et des Bédouins remporteraient la palme de la valeur.

L'ESSENTIEL

Civilisation et technique

- **Francis Bacon :** le développement des sciences et techniques permet de combler les désirs et d'améliorer la vie humaine
- **Lévi-Strauss :** il n'existe pas de critère universel de la valeur d'une civilisation

La technique est-elle neutre ?

53

☐ OK

La technique semble n'être qu'un ensemble de moyens à notre disposition. Force est pourtant de constater que les objets techniques occupent une place croissante dans notre vie. Ne faut-il pas en conclure que la technique finit par conditionner nos modes de vie, de pensée et de coexistence ?

I La neutralité de la technique

1 La conception instrumentale de la technique

- La technique est un simple moyen. Gorgias, le sophiste dépeint par Platon dans l'œuvre éponyme, se fonde sur cet argument pour défendre une conception purement instrumentale de la technique.
- Par exemple, une arme est un simple moyen et est moralement neutre : elle peut servir à se défendre et à protéger ses amis, mais elle peut aussi être utilisée pour commettre des méfaits. L'arme n'est pas responsable de l'usage que l'on en fait.

2 La responsabilité humaine

La responsabilité morale des hommes est toujours engagée. Ainsi, l'idée d'aliénation technique, qui désigne un état de dépossession de la vie humaine dont la technique serait directement responsable, est infondée.

Attention

Marx souligne que la révolte ouvrière ne doit pas être un saccage des machines, mais qu'elle doit déboucher sur le changement politique de la société.

II La non-neutralité de la technique

1 La technique conditionne l'homme

- Comme le souligne Arendt, on n'avait jamais auparavant ressenti le besoin de s'interroger à propos de la dépendance de l'homme vis-à-vis de ses outils. Le rapport de l'homme aux machines est l'indice d'un problème nouveau et réel. Alors qu'un ensemble d'outils utilisés par la main humaine peut rester neutre, « les machines exigent que le travailleur les serve et qu'il adapte le rythme naturel de son corps à leur mouvement mécanique. »

- La technique obéit toujours davantage à la **loi de l'efficacité rationnelle** : obtenir un maximum de résultats avec un minimum de dépenses. Une valeur économique devient ici une norme éthique.
- Ce critère régit tous les domaines. Dans la vie professionnelle ou dans les loisirs, il faut être efficace, toujours plus productif, aller toujours plus loin, plus vite. La technique engendre une **conception purement quantitative de la réussite** et du bonheur.

2 Des risques : la technocratie et l'arraisonnement

- Selon Marcuse, le développement de la technique engendre un développement de la bureaucratisation qui provoque un **affaiblissement des institutions démocratiques**. En effet, les individus obéissent aux exigences d'appareils technologiques et de consommation, dont « les grands groupes dirigeants semblent subir les exigences [...] plutôt que de les déterminer. » La domination politique devient technocratique.

Mot clé

Souvent péjoratif, le terme de **technocratie** désigne un accaparement du pouvoir politique par les techniciens et les fonctionnaires.

- Selon Heidegger, l'essence de la technique moderne ne se réduit pas à un ensemble d'instruments. Elle est un dévoilement qui arraisonne la nature, qui se trouve dès lors **identifiée à une source d'énergie** (par exemple, une centrale hydraulique sur un fleuve).
- L'essence de la technique constitue un **prisme déformant** qui s'impose aux hommes. Mais en ne voyant dans la nature qu'une somme d'ustensiles, l'homme oublie d'entendre « l'appel d'une vérité plus initiale » : l'énigme de sa présence.

Mot clé

L'**arraisonnement** consiste à postuler que la nature entière peut se comprendre à partir de catégories rationnelles quantitatives, qu'elle se réduit à la mesure du technicien.

L'ESSENTIEL

La technique est-elle neutre ?

- **Gorgias :** la technique est un **simple moyen** et chaque homme est responsable de l'usage qu'il en fait
- **Marcuse :** le développement de la **technocratie** affaiblit les institutions démocratiques

La technique n'est-elle qu'une application de la science ?

54

☐ OK

Si la science cherche le vrai et que la technique vise l'utile, il semble logique de se représenter la technique comme chronologiquement postérieure à la science, dont elle ne serait que la concrétisation. La technique dérive-t-elle entièrement des connaissances scientifiques ?

I La technique précède la science

1 Une question de chronologie

- Historiquement, la technique précède la science : elle est indispensable à l'homme pour sa survie, alors que la connaissance scientifique n'a pas cette urgence. C'est ainsi que Bergson souligne que l'homme a été *homo faber*, constructeur d'outils, avant d'être *homo sapiens*, individu visant à connaître le monde.
- Par exemple, la médecine a précédé les sciences physiques, chimiques et biologiques : au Néolithique était pratiquée la trépanation, opération consistant à creuser un trou dans le crâne, alors qu'on ne disposait d'aucune connaissance scientifique de l'anatomie du crâne et encore moins des mécanismes cérébraux.

2 La science, solution aux difficultés techniques

- La technique antérieure à la science est une pratique spontanée et routinière, qui rencontre de nombreux échecs. Elle est donc insatisfaisante pour l'homme, qui va tâcher de comprendre les raisons de ces échecs. Tel est l'acte de naissance de la recherche scientifique.
- Les difficultés rencontrées par les techniciens provoquent une mutation de l'esprit : le savant s'empare alors d'obstacles techniques et en fait des problèmes théoriques. Au XVIIe siècle, la ville de Florence avait besoin d'un meilleur approvisionnement en eau. Les fontainiers se sont demandé comment faire monter l'eau dans les pompes au-delà de 10,33 mètres. Torricelli et Pascal ont réfléchi aux causes du problème. Les scientifiques découvrent alors que la hauteur maximale de l'eau est déterminée par la pression atmosphérique.

À noter

Les anciens **Égyptiens** ont développé les sciences, mais uniquement dans une perspective pratique. Ce n'est qu'avec les **Grecs** qu'apparaîtront les démonstrations.

II Technique et science s'enrichissent mutuellement

1 La science participe aux succès de la technique

Même la science la plus désintéressée contribue à la réussite de techniques. L'invention du transistor, qui remplaça avantageusement les lampes dans les récepteurs radio, fut par exemple rendue possible par la science physique pure, et plus précisément par l'étude fondamentale de la diffusion des électrons par la matière.

2 La technique est indispensable à la science

- La technique est au cœur même de la démarche scientifique, car elle permet de **vérifier les hypothèses** grâce à des instruments.
- Ce lien est de plus en plus patent avec la science contemporaine : la physique atomique serait impossible sans tout un appareillage technique extrêmement sophistiqué. Par exemple, **l'existence du boson de Higgs**, une particule élémentaire, n'aurait pas pu être prouvée en 2012 sans un accélérateur de particules de près de vingt-sept kilomètres.
- La connaissance scientifique est toujours une connaissance approchée, corrélée à l'état de développement des instruments techniques de mesure du réel.
- Enfin, l'image d'une science absolument pure est erronée : comme la technique, la science a pour but de mesurer des résultats et de prévoir, non de connaître les causes premières ou l'essence des choses ▶ FICHE 48.

Citation

« Une science a l'âge de ses instruments de mesure. » (Bachelard, *La formation de l'esprit scientifique*)

L'ESSENTIEL

La technique précède la science	**Bergson :** les échecs techniques stimulent et orientent la recherche scientifique ; l'homme a été *homo faber* avant d'être *homo sapiens*
La science repose sur la technique	**Bachelard :** l'évolution des connaissances dépend du perfectionnement de l'appareillage technique, qui permet notamment de vérifier les hypothèses

Quiz EXPRESS 55

Avez-vous bien révisé les fiches 52 à 54 ? On vérifie !

La technique

1 La valeur d'une civilisation se reconnaît-elle à sa technique ?

▶ FICHE 52

1. Que signifie le terme « technique » ?

☐ a. un geste esthétiquement parfait

☐ b. un ensemble d'outils matériels

☐ c. un ensemble de procédés employés pour produire une œuvre ou obtenir un résultat déterminé

2. Pourquoi, selon Lévi-Strauss, les civilisations se méprisent-elles ?

☐ a. Elles ne se ressemblent pas.

☐ b. Elles se ressemblent trop.

☐ c. Elles sont jalouses les unes des autres.

2 La technique est-elle neutre ?

▶ FICHE 53

Parmi les affirmations suivantes, lesquelles sont vraies ?

☐ a. Selon Gorgias, la technique est un instrument neutre.

☐ b. Selon Marx, l'émancipation des ouvriers nécessite la casse des instruments de production.

☐ c. La technocratie est une forme de gouvernement où la place des experts techniques est centrale.

3 La technique n'est-elle qu'une application de la science ?

▶ FICHE 54

1. Historiquement…

☐ a. la technique précède la science.

☐ b. la science précède la technique.

☐ c. la technique et la science sont contemporaines.

2. La science la plus désintéressée…

☐ a. n'a aucun rapport avec les techniques.

☐ b. contribue à la réussite de techniques.

CORRIGÉS

1 La valeur d'une civilisation se reconnaît-elle à sa technique ?

1. Réponse c. Le terme « technique » désigne au sens large une méthode efficace. Il ne renvoie pas nécessairement à des instruments matériels et ne comprend aucune connotation esthétique.

2. Réponse a. Lévi-Strauss soutient que chaque civilisation a peur de ce qui lui est dissemblable. De cette idée découle l'ethnocentrisme.

Étymologie

Du grec *ethnos* (« nation », « tribu ») et du latin *centrum* (« centre »), l'**ethnocentrisme** est une surestimation du groupe social, ethnique, géographique ou national auquel on appartient. Cela peut conduire au mépris des autres groupes ou cultures.

2 La technique est-elle neutre ?

Réponses a et c.

- La réponse **a** est vraie. Selon Gorgias, la technique est un ensemble d'instruments neutres dont l'utilisation renvoie à la responsabilité humaine.
- La réponse **b** est fausse. Selon Marx, l'émancipation des ouvriers nécessite un changement politique de la société.
- La réponse **c** est vraie. Selon Marcuse, la technocratie est un système dans lequel le pouvoir politique est entre les mains d'experts au service des exigences de l'appareil de distribution et de consommation.

3 La technique n'est-elle qu'une application de la science ?

1. Réponse a. Historiquement, les hommes ont utilisé le pouvoir de la technique pour maîtriser la nature avant d'en connaître les principes.

2. Réponse b. La connaissance désintéressée des principes de la nature peut avoir des applications techniques.

À quelles conditions une activité est-elle un travail ?

56

☐ OK

Faire le ménage, pratiquer un art ou un sport, etc. : la liste des activités humaines est longue. Parfois fort pénibles, elles peuvent paradoxalement occuper notre temps dit de loisir. Quelle peut être alors la marque distinctive de cette activité que nous nommons travail ?

I La contrainte

1 Le sens du mot

Le travail apparaît originairement et essentiellement comme une contrainte. Nous parlons souvent du travail comme d'un labeur, pour souligner la douleur qu'il provoque, ou encore d'un boulot, pour souligner son caractère déprécié.

Étymologie

Le mot **travail** dérive du latin *tripalium*, qui désigne un instrument composé de trois pieux plantés dans le sol, utilisé d'abord pour ferrer les animaux, puis comme instrument de torture.

2 Une activité forcée

- Une activité serait donc un travail à condition qu'elle soit non souhaitée, pénible et forcée. D'abord, l'homme n'est pas naturellement porté vers le travail, lequel va à l'encontre de ses désirs immédiats. Ensuite, travailler réclame des efforts : alors que le loisir est facile, le travail est difficile. Enfin l'homme qui travaille doit utiliser son énergie intellectuelle et musculaire pour réaliser une tâche qu'il n'a pas choisie. Le travail engendre donc de la fatigue.
- Néanmoins, cette thèse se heurte à une double objection : d'une part, nos activités de loisir réclament souvent des efforts et provoquent de la peine ; d'autre part, le travail peut être vécu comme un processus d'épanouissement et l'homme peut être heureux au travail.

II Le besoin

- L'espèce humaine disparaîtrait sans doute si l'homme vivait nu dans la nature, sans pouvoir produire d'artifices. Kant souligne cette insuffisance fondamentale : « La nature ne lui a donné ni les cornes du taureau, ni les griffes du lion, ni les crocs du chien, mais seulement les mains. »

- Dans cette perspective, le travail répond à un besoin vital, lié à l'instinct de survie, et la technique est le moyen par lequel l'homme produit les conditions d'une existence possible ▶ FICHE 52.

- De plus, l'émergence de la vie sociale et de la culture engendre une multitude de désirs que la nature ne saurait satisfaire. La nature n'offre au mieux que le strict minimum à un homme qui mène une existence purement animale mais ne s'en contente pas : il veut davantage et c'est justement cela qui fait de lui un homme.

III L'inscription dans un projet

1 Les activités animales instinctives

- Les animaux peuvent effectuer des opérations qui ressemblent au travail humain et dont les résultats sont d'une perfection remarquable, parfois même supérieure. Ainsi, comme le souligne Marx dans *Le Capital*, une araignée qui tisse sa toile nous fait immanquablement penser au travail du tisserand et « l'abeille confond par la structure de ses cellules de cire l'habileté de plus d'un architecte. »

- Il n'en demeure pas moins que ces activités résultent d'instincts : inconscientes, elles ne sont pas précédées d'un projet intentionnel.

2 Le travail humain intentionnel

Au contraire, comme le montre Marx, le résultat du travail humain « préexiste idéalement dans l'imagination du travailleur. » Ainsi, « ce qui distingue dès l'abord le plus mauvais architecte de l'abeille la plus experte, c'est qu'il a construit la cellule dans sa tête avant de la construire dans la ruche. » L'homme travaille donc en ce sens qu'il se représente le résultat de son activité avant d'agir. Le travail se reconnaît donc à l'investissement conscient qu'il réclame.

L'ESSENTIEL

À quelles conditions une activité est-elle un travail ?

- Le travail paraît être une **activité contrainte**
- **Kant :** le travail est nécessaire pour remédier, grâce à des **artifices**, à une insuffisance humaine fondamentale
- **Marx :** le travail humain fait l'**objet d'un projet**, quand l'activité animale est guidée par l'instinct

Le travail libère-t-il l'homme ?

57

☐ OK

Les hommes entretiennent un rapport paradoxal au travail, qui peut être perçu comme le moyen de devenir des êtres libres et heureux, ou tout au contraire comme une nécessité aliénante. Le travail est-il un obstacle ou une condition à la liberté de l'homme ?

I Le travail comme aliénation

1 L'asservissement à la nécessité

- Arendt définit le travail comme « l'asservissement à la nécessité », lequel est « inhérent aux conditions de la vie humaine ». Inscrit dans le cycle biologique répétitif de production de biens de consommation éphémères, le travail est une **répétition sans fin**.
- Arendt distingue ce travail, dévalué, de l'œuvre (fabrication d'objets destinés à un usage) et de l'action (domaine politique).

2 Les conditions de travail

- Pour Marx, le travail est **aliéné** quand il est « **extérieur à l'ouvrier** » : « Dans son travail, celui-ci ne s'affirme pas mais se nie, ne se sent pas à l'aise, mais malheureux, ne déploie pas une libre activité physique et intellectuelle, mais mortifie son corps et ruine son esprit. »
- Certaines formes du travail sont d'autant plus aliénantes que le travailleur est davantage **dépossédé des modalités de son propre travail**. C'est particulièrement le cas selon Marx dans le système capitaliste.

À savoir

Le droit français du travail définit, depuis 2012, la **pénibilité au travail**. Elle se caractérise par une « exposition à un ou plusieurs facteurs de risques professionnels liés à des contraintes physiques marquées, un environnement physique agressif ou à certains rythmes de travail. »

3 La possibilité d'un travail libre ?

Néanmoins, selon Marx, un travail libre est concevable. « **L'homme complet** » que Marx imagine dans la société communiste récupère la maîtrise des processus de production et de son travail. Il peut organiser sa vie en fonction de l'union du travail intellectuel et du travail manuel. Cet homme pourra développer toutes ses capacités et les appliquer à l'art de travailler et de vivre.

II La libération par le travail

1 La maîtrise de la nature

Le travail et la technique permettent aux hommes de devenir « comme maîtres et possesseurs de la nature » (Descartes) et d'atteindre le bonheur. En effet, grâce au développement de notre habileté et des techniques, nous apprenons à utiliser les lois de la nature pour produire de manière toujours plus efficace les fins souhaitées.

2 Le travail comme processus d'humanisation

- Hegel valorise plus encore le travail, grâce auquel l'homme transforme les choses, se transforme lui-même et se libère : il en sort humanisé. Dans la dialectique du maître et de l'esclave, le maître finit par dépendre de l'esclave, lequel développe quant à lui sa conscience en travaillant. Les rôles s'inversent donc : l'esclave devient supérieur au maître.
- En effet, le travail permet à l'homme de prendre conscience de lui-même. Les produits du travail sont autant de miroirs de la conscience. Hegel note par exemple que la contemplation d'une œuvre architecturale fait comprendre à l'homme qu'il n'est pas seulement un être naturel, mais qu'il est voué à mener une vie spirituelle.

3 Le travail comme éducation à la liberté

Un monde où l'homme aurait tout, sans efforts à fournir, sans devoir agir pour réaliser ses ambitions, semble illusoire. Ainsi, le travail enseigne à l'être humain comment sortir de la nécessité pour entrevoir la possibilité de la liberté. Pour reprendre la définition d'Alain, le travail libre est à la fois « effet de puissance » et « source de puissance » : « Encore une fois, non point subir, mais agir. »

L'ESSENTIEL

Le travail libère-t-il l'homme ?

- **Arendt :** le travail est « asservissement à la nécessité »
- **Marx :** dans le système capitaliste, les conditions de travail aliènent le travailleur en le dépossédant de lui-même

- **Descartes :** le travail permet aux hommes de devenir « comme maîtres et possesseurs de la nature »
- **Hegel :** le travail permet à l'homme de s'humaniser et de prendre conscience de lui-même

Le travail manuel et le travail intellectuel s'opposent-ils ?

58

☐ OK

Souvent, on oppose le travail manuel et le travail intellectuel : l'intellectuel serait un penseur en quête de vérité, alors que le travailleur manuel ne serait qu'un exécutant. Cette disjonction radicale est-elle légitime ?

I Travail manuel vs intelligence ?

1 Le travail : une dégradation de l'homme

- Les Grecs anciens distinguent l'œuvre du travail. L'œuvre (un meuble, un édifice, etc.) est la production d'un objet durable. Le travail quant à lui est constamment répété (le ménage, par exemple) et est commun à l'homme et à l'animal.
- De manière générale, les travaux (manuels, par définition) étaient considérés comme dégradants, car ils ne faisaient que pourvoir aux besoins de la vie. Ils étaient donc réservés aux hommes soumis à la nécessité vitale, les esclaves.

2 La pensée : l'activité la plus élevée pour l'homme

Le domaine de la pensée était, au contraire, conçu comme celui de la liberté et de l'épanouissement le plus élevé : la pensée permet de contempler les vérités éternelles et offre au penseur le bonheur de la compréhension des grands principes du monde.

À noter

Dans l'**allégorie de la caverne** ▶ FICHE 64, Platon explique que l'homme qui peut contempler le soleil échappe par l'exercice de la pensée « aux misérables choses humaines » et au mensonge des opinions sensibles.

II Le travail manuel est intellectuel

- Le travail manuel nécessite une connaissance approximative des lois qui régissent le monde matériel. Il repose sur et développe un savoir-faire qui est l'ensemble des leçons tirées de l'expérience par l'intelligence. Un artisan n'est pas un profane, mais sait choisir les méthodes adéquates et les matériaux adaptés.

Crawford, dans l'*Éloge du carburateur*, souligne que le travailleur manuel doit **inventer des solutions** aux « casse-tête » posés par le réel. Avant d'être effectués, les gestes doivent être calculés. C'est ainsi, par exemple, que faire un diagnostic pour un réparateur de moteurs, c'est raisonner, imaginer les causes plausibles à partir des symptômes visibles, solliciter une véritable « bibliothèque mentale ».

Le travail manuel apparaît ainsi comme une **enquête** visant à résoudre des énigmes. C'est pourquoi, chercheur à l'université et, en parallèle, réparateur de vieilles motocyclettes, Crawford explique avoir eu la sensation que le travail manuel était « beaucoup plus captivant d'un point de vue intellectuel ».

III Le travail intellectuel est manuel

L'homme qui cherche à produire une œuvre intellectuelle ne se contente pas de penser. Sa quête réclame des **manipulations**. C'est ainsi que l'écrivain ne produit pas d'un jet son texte, mais l'écrit, le découpe, le recompose de nombreuses fois avant d'atteindre le résultat final : il travaille avec des ciseaux et de la colle. Tel est, par exemple, le cas de Balzac qui, « empêtré fort maladroitement dans son travail de labourage intellectuel », travaille, lors de ses sessions d'écriture, dix à vingt heures par jour.

La démarche de l'homme de science resterait abstraite sans la possibilité d'**expérimenter**. C'est ainsi que le chercheur en biologie cellulaire doit savoir utiliser un microscope pour observer son objet.

L'éducation doit donc accorder toute sa place au travail manuel. Des projets d'enseignement complet voient le jour dès le XVIIe siècle : le pédagogue Comenius, par exemple, réclame pour les jeunes enfants des exercices sous forme de jeux permettant à la fois l'acquisition d'une **dextérité** manuelle et le **développement des sens** et de l'intelligence.

L'ESSENTIEL

Travail manuel vs travail intellectuel

Platon : l'exercice de la pensée permet d'échapper « aux misérables choses humaines » (allégorie de la caverne)

Crawford : le travail manuel est comme une enquête consistant à raisonner pour trouver des solutions aux problèmes posés par le réel

Quiz EXPRESS 59

Avez-vous bien révisé les fiches 56 à 58 ? On vérifie !

Le travail

1 À quelles conditions une activité est-elle un travail ?

▶ FICHE 56

1. Comment le travail est-il communément vécu ?

☐ a. comme une activité pénible et forcée

☐ b. comme une activité libre et joyeuse

☐ c. comme une activité noble et désintéressée

2. Pourquoi, selon Marx, le travail est-il une activité propre à l'homme ?

☐ a. Le résultat du travail humain est toujours excellent.

☐ b. Le travail est une activité toujours précédée d'un projet.

☐ c. Par le travail, les hommes réalisent un plan divin.

2 Le travail libère-t-il l'homme ?

▶ FICHE 57

Parmi les affirmations suivantes, lesquelles sont vraies ?

☐ a. Selon Arendt, le travail est épanouissant pour les hommes.

☐ b. Selon Hegel, un esclave devient plus libre que son maître.

☐ c. Selon Marx, le travail est aliénant quand il s'accompagne de la dépossession du travailleur au profit du patron.

3 Le travail manuel et le travail intellectuel s'opposent-ils ?

▶ FICHE 58

1. Comment les Grecs anciens perçoivent-ils le travail ?

☐ a. Le travail manuel est intellectuel.

☐ b. Le travail manuel s'oppose à la pensée.

☐ c. L'intellectuel travaille.

2. Selon Crawford, réparer un moteur, c'est...

☐ a. connaître les principes de la mécanique et les appliquer.

☐ b. raisonner, imaginer les causes plausibles à partir des symptômes visibles.

CORRIGÉS

1 À quelles conditions une activité est-elle un travail ?

1. **Réponse a.** Comme le confirme l'étymologie latine *tripalium*, le travail se présente, de prime abord, comme une activité pénible et forcée.

À savoir

Dans la Genèse, le travail apparaît d'abord comme une **punition divine** faisant suite à la consommation du fruit de l'arbre de la connaissance par Ève et Adam. C'est néanmoins par le travail que les hommes pourront se racheter de ce péché.

2. **Réponse b.** Selon Marx, le travail « préexiste idéalement dans l'imagination du travailleur. » Il renvoie donc à un projet.

2 Le travail libère-t-il l'homme ?

Réponses b et c.

- La réponse **a** est fausse. Selon Arendt, le travail ravale l'homme au rang d'animal.
- La réponse **b** est vraie. Selon Hegel, en apprenant à maîtriser la nature, l'esclave finit par devenir plus libre que le maître qui s'englue dans l'oisiveté.
- La réponse **c** est vraie. Selon Marx, le travail n'est pas aliénant en soi. Il ne l'est que quand il est l'objet d'une dépossession économique des travailleurs.

3 Le travail manuel et le travail intellectuel s'opposent-ils ?

1. **Réponse b.** Pour les Grecs anciens, le travail est un asservissement aux nécessités biologiques, alors que la pensée est l'exercice même de la liberté.

2. **Réponse b.** Selon Crawford, la réparation d'un moteur réclame de trouver des solutions aux casse-tête posés par la panne.

Peut-on faire l'expérience du temps ?

60

☐ OK

Toute expérience se fait dans le temps : il n'y a rien qui échappe absolument au temps, qui soit véritablement hors du temps. Mais qu'est-ce alors que l'expérience du temps en lui-même ?

I Le temps participe de toutes nos expériences

1 Le temps objectif

- Nous pouvons d'abord distinguer nos expériences les unes des autres à l'aune d'un temps universel. Qu'on le mesure en secondes ou en millénaires, ce temps est le même pour tous et a une valeur objective.
- Aristote explique par exemple que ce temps objectif est indispensable à toute théorie physique : nous avons besoin de mesurer et de quantifier l'évolution des états et des phénomènes successifs.

2 Le temps subjectif

- Pour autant, il existerait également un temps subjectif, corrélatif à notre flux de conscience. Ce temps n'est pas le même pour tous : il ne s'écoule plus indifféremment de l'expérience qui est en jeu. On dira qu'il « passe vite » ou au contraire que « le temps est long ».
- Dans l'expérience de l'ennui, le temps semble se dilater au point de ne presque plus s'écouler, comme si nous étions figés dans le temps. Schopenhauer écrit ainsi qu'en voulant « tuer le temps » nous cherchons à « fuir l'ennui ».

II Il serait donc impossible d'en faire l'expérience

1 La connaissance du temps nous échappe

- Dans ses *Confessions*, Saint Augustin tente de définir le temps qui paraît résister à notre effort de connaissance.
- Pour être du temps, le présent doit déjà se faire passé, c'est-à-dire s'étirer et durer. Mais le passé est ce qui n'est déjà plus. Quant au futur, il est ce qui

Citation

« Qu'est-ce donc que le temps ? Si personne ne me le demande, je le sais : mais que je veuille l'expliquer à la demande, je ne le sais pas ! » (Saint Augustin, *Confessions*)

n'est pas encore. Parce que le temps réside dans le mouvement, Saint Augustin explique que l'être du temps paraît insaisissable.

2 La condition de possibilité de toute expérience

- Dans la *Critique de la raison pure,* Kant explique que le temps n'a pas d'existence absolue. Il est une « forme *a priori* de la sensibilité », ce qui signifie que le temps n'existe que parce qu'une conscience fait l'expérience de quelque chose.
- Il faut donc comprendre que le temps a une valeur transcendantale : c'est une condition de possibilité de l'expérience. On ne peut pas faire l'expérience du temps, parce que le temps n'est pas un « objet ». C'est, comme l'espace, une forme qui nous permet de faire l'expérience des objets dans le monde.

III L'expérience de la durée

- Proust explique qu'une telle expérience exige une forme d'abstraction : retrancher ce qui relève de l'expérience pour appréhender le temps lui-même. Cette opération se produit lorsqu'une sensation présente ravive une sensation passée. Cette sensation nous fait ainsi redevenir celui que nous étions la première fois que nous l'avons perçue.
- Comme l'explique Bergson, l'expérience du temps est solidaire de celle de notre existence : l'unité de notre conscience nous permet d'appréhender le temps comme durée. Nous comprenons ainsi que le passé n'est pas seulement ce qui passe mais aussi ce qui se conserve.

Citation

« La durée est le progrès continu du passé qui ronge l'avenir et qui gonfle en avançant. » (Bergson, *L'évolution créatrice*)

L'ESSENTIEL

Peut-on faire l'expérience du temps ?

- **Kant :** le temps est une condition de possibilité de l'expérience et non un objet, aussi ne pouvons-nous pas faire l'expérience du temps lui-même
- **Bergson :** l'unité de notre conscience nous permet d'appréhender le temps comme durée

Seul ce qui dure a-t-il de la valeur ?

61

☐ OK

L'existence des objets et des êtres, les effets d'une action ou les leçons tirées de l'expérience, rien ne paraît échapper au passage du temps. Dès lors, faut-il s'attacher à ce qui dure plus longtemps ?

I Ce qui dure semble être ce qui conserve sa valeur

1 Valeur et longévité des objets techniques

Nous mesurons ordinairement la valeur à l'échelle de la durée. Si nous pensons que nous pourrons utiliser un objet technique plus longtemps, nous sommes par exemple prêts à le payer plus cher. Cela signifie que sa valeur est proportionnelle à sa longévité.

2 L'immortalité des œuvres d'art

- Arendt propose de distinguer les objets selon leur durée : certains sont éphémères et utiles, comme les objets de consommation, quand d'autres sont à la fois immortels et inutiles : il s'agit des œuvres d'art.
- L'œuvre d'art peut accéder à la postérité et serait « destinée à survivre au va-et-vient des générations. » Les œuvres d'art ont donc une très grande valeur : elles peuvent résister mieux que tout autre objet fabriqué au passage du temps.

II Mais l'éphémère peut avoir une valeur spécifique

1 L'existence en quête d'intensité

- Lorsqu'une chose ou une personne est vouée à disparaître, nous y attachons une valeur particulière. Nous vivons dans l'instant : nous désirons qu'il se prolonge, mais c'est l'impossibilité de sa durée qui lui confère sa valeur.
- Cette valeur se fonde donc sur l'unicité de ce qui est éphémère. Un événement sportif peut ainsi procurer au supporter un plaisir intense lorsqu'il a le sentiment d'assister à une victoire « historique ».

2 Les bienfaits du changement et de l'oubli

- Nietzsche explique que ce qui dure, notamment parce que nous en gardons la mémoire, peut nous rendre prisonniers du temps.

Ce rapport au passé empêche l'homme de vivre heureux, car il se rend incapable d'accueillir le présent : il est aliéné à l'image du passé, par la nostalgie ou la rancœur. Au contraire, en se tenant « au seuil de l'instant », l'homme se libère de ce qui dure en s'ouvrant à de **nouvelles perspectives créatrices**.

III Il faut réussir à apprécier la valeur de ce qui dure

Il n'est peut-être pas si facile d'apprécier la valeur de ce qui dure, c'est-à-dire de ce qui perd l'attrait de la nouveauté. Pour Kierkegaard, **l'expérience de l'amour** met la valeur à l'épreuve de la durée.

L'**amour** qu'il appelle « **romantique** » se contente de devoir surmonter des obstacles extérieurs et ne se prolonge qu'autant que ces derniers persistent. L'**amour conjugal** affronte une menace intérieure plus grande encore : la routine quotidienne « pire que la mort ».

Citation

« Il ne s'est pas battu avec des lions et des ogres, mais avec l'ennemi le plus dangereux : le temps. » (Kierkegaard, *Ou bien... ou bien...*)

L'amour conjugal est celui qui n'a plus rien d'impossible : il est entré dans l'ordre d'une **réalité stable et assurée** qui peut le rendre moins désirable. Tout l'effort de l'amour conjugal consiste donc à ne pas se contenter de la promesse initiale, mais à considérer que l'amour de l'autre est un bien dont la valeur est à la fois toujours identique et sans cesse renouvelée.

Cet effort a pour Kierkegaard le sens d'un **devoir moral**. Nous devons nous satisfaire de l'engagement, non pas parce que nous ne pourrions pas faire autrement, mais parce que nous continuons à donner une valeur à ce qui dure.

L'ESSENTIEL

Seul ce qui dure a-t-il de la valeur ?

- **Arendt :** un objet prend de la valeur en résistant au temps
- **Nietzsche :** il faut se dégager du poids de la mémoire, qui fait obstacle au déploiement du présent
- **Kierkegaard :** il faut apprendre à donner de la valeur à ce qui dure

Faut-il craindre de perdre son temps ?

62

☐ OK

Perdre son temps est-ce nécessairement céder à la paresse ? Peut-on prendre son temps tout en craignant de le perdre ?

I Ne pas perdre notre temps face à notre finitude

1 La finitude de l'existence humaine

- Perdre son temps, cela signifie ne pas le mettre à profit, le laisser filer sans l'employer à des fins pratiques – orientées vers l'action –, intellectuelles – vers la connaissance –, morales – vers le bien. Le temps perdu ne sert donc à rien.
- Or si ce temps « perdu » peut nous sembler gâché, c'est que nous ne disposons pas de lui sans limites : nous savons que l'existence humaine est finie. Bien plus, nous ignorons la durée de notre vie. À la certitude de la mort s'ajoute l'incertitude du moment et des circonstances dans lesquelles elle interviendra.

2 La responsabilité devant l'angoisse de la mort

- Heidegger explique que la conscience de la mort donne le sens originel de l'existence : elle témoigne de la responsabilité de l'homme face à la nécessité de donner à sa vie un sens. L'existence serait ainsi orientée par son terme, c'est ce qu'Heidegger appelle « l'être-pour-la-mort ».
- L'homme, pour fuir sa responsabilité, a tendance à se conformer aux normes sociales sans les interroger : Heidegger explique que le sujet n'existe plus en première personne mais à travers le « on ». La mort est la seule expérience que nous ne pouvons vivre sur la modalité du « on » : personne ne peut mourir à ma place.
- Perdre son temps, c'est alors se détourner de la singularité de sa propre existence et ne pas avoir le courage de vivre sa vie. Il faut donc accepter l'angoisse de la mort pour accorder sa valeur à l'existence.

II Mais nous risquons de perdre notre temps en voulant le mettre à profit

- Nous ne vivons en réalité jamais au présent. La crainte de le voir s'échapper constitue une forme de misère de l'homme : tantôt nous regrettons le passé, tantôt nous anticipons le futur sous le signe de l'espérance.

Pour Pascal, l'homme se condamne ainsi au malheur. Nous agissons de telle sorte que le présent contribue à un avenir meilleur. Mais celui qui craint de perdre son temps est ainsi reconduit à ne jamais **prendre son temps** : le présent n'est pas vécu pour lui-même, nous perdons le temps de l'existence elle-même.

Citation

« Ainsi nous ne vivons jamais, mais nous espérons de vivre ; et, nous disposant toujours à être heureux, il est inévitable que nous ne le soyons jamais. » (Pascal, *Pensées*)

III Il faut donc nous libérer de l'aliénation du temps

1 La marchandisation du temps

Baudrillard montre que le temps est devenu une **marchandise qu'on monnaie** au même titre que les objets de consommation. C'est ce que nous entendons lorsque nous affirmons que « le temps, c'est de l'argent ». De même que nous ne gâchons pas notre argent en pure perte, il serait devenu impossible de perdre notre temps.

2 Le temps libre est celui que nous pouvons perdre

Mais alors qu'est-ce que le temps libre ? Faut-il vouloir le remplir à tout prix pour **le rendre productif** ? L'injonction à user de son temps signale en réalité l'aliénation du temps. Le temps devient l'esclave d'une nécessité étrangère à lui : il faudrait sans cesse en faire quelque chose. Nous le consommons à la manière de tous les autres biens, sans faire état de sa valeur spécifique.

Le temps réellement libre est **celui dont on fait l'expérience pour lui-même** sans le reconduire à une quelconque finalité pratique.

L'ESSENTIEL

Faut-il craindre de perdre son temps ?

- **Heidegger :** la conscience de notre finitude donne sa valeur au temps
- **Pascal :** en ne vivant pas le présent pour lui-même et en se tournant vers l'espoir d'un avenir meilleur, l'homme se condamne au malheur

Quiz EXPRESS 63

Avez-vous bien révisé les fiches 60 à 62 ? On vérifie !

Le temps

1 Peut-on faire l'expérience du temps ?

▶ FICHE 60

1. Qu'est-ce que le temps subjectif ?

☐ **a.** le temps que l'on mesure en minutes ou en secondes

☐ **b.** le temps qui est le même pour tous

☐ **c.** le temps qui dépend de l'expérience et de la conscience

2. Pour Kant, le temps se définit comme...

☐ **a.** une condition de possibilité de l'expérience.

☐ **b.** un objet dont on peut faire l'expérience.

☐ **c.** une forme *a priori* de la sensibilité.

2 Seul ce qui dure a-t-il de la valeur ?

▶ FICHE 61

Complétez le texte avec les mots qui conviennent.

Kierkegaard distingue l'amour romantique de l'amour .... Ce dernier doit se battre contre une menace redoutable, à savoir le .... Dans l'expérience de la durée, le désir peut s'éroder et laisser place à une .... mortifère. Mais l'amant doit faire l'............ de recevoir l'amour de l'autre comme un bien sans cesse .... dont la valeur est toujours ....

3 Faut-il craindre de perdre son temps ?

▶ FICHE 62

1. Qu'est-ce que « l'être-pour-la-mort » ?

☐ **a.** le fait que l'homme craigne la mort

☐ **b.** le fait que la mort révèle le sens de l'existence humaine

☐ **c.** le fait que l'homme désire mourir

2. Qui affirme que nous ne vivons jamais au temps présent ?

☐ **a.** Heidegger ☐ **b.** Kant ☐ **c.** Pascal

3. Qu'est-ce que le temps libre d'après Baudrillard ?

☐ **a.** le temps qui n'est reconduit à aucune fin particulière

☐ **b.** le temps qui est échangé comme une marchandise

CORRIGÉS

1 Peut-on faire l'expérience du temps ?

1. Réponse c. Le temps subjectif est le temps vécu de la conscience. Les minutes peuvent sembler s'éclipser en un instant ou au contraire durer plus longtemps.

2. Réponses a et c. Le temps est une « forme *a priori* de la sensibilité », c'est-à-dire une condition de possibilité de toute expérience, au même titre que l'espace. Pour cette raison, nous ne pouvons pas l'éprouver en lui-même.

2 Seul ce qui dure a-t-il de la valeur ?

Kierkegaard distingue l'amour romantique de l'amour conjugal. Ce dernier doit se battre contre une menace redoutable, à savoir le temps. Dans l'expérience de la durée, le désir peut s'éroder et laisser place à une routine mortifère. Mais l'amant doit faire l'effort de recevoir l'amour de l'autre comme un bien sans cesse renouvelé dont la valeur est toujours identique.

3 Faut-il craindre de perdre son temps ?

1. Réponse b. « L'être-pour-la-mort » désigne le fait que notre finitude manifeste la valeur de notre existence singulière. Elle est signalée par le sentiment d'angoisse.

2. Réponse c. Pascal montre que nous sommes pris entre la nostalgie du passé et l'espoir de l'avenir sans pouvoir vivre le temps présent.

3. Réponse a. Le temps véritablement libre est celui que nous pouvons nous permettre de perdre, c'est-à-dire celui auquel nous n'assignons pas d'utilité ou de fin particulière.

Citation

« L'*aliénation* du loisir est plus profonde : elle ne tient pas à sa subordination directe au temps de travail, elle est liée à l'impossibilité même de perdre son temps. »
(Baudrillard, *La société de consommation*)

Peut-on dire « à chacun sa vérité » ?

64

☐ OK

Celui qui croit posséder la vérité a tendance à l'imposer aux autres. Contre cette attitude intolérante, il est tentant de dire que la vérité dépend de chacun.

I « À chacun sa vérité » : un principe de tolérance

- Dire « à chacun sa vérité » revient à penser qu'il ne faut pas imposer ses idées à quelqu'un en croyant posséder une vérité absolue. Ce principe de tolérance s'appuie sur l'expérience des violences commises par le passé au nom de la vérité. Pour lutter contre le dogmatisme, il faudrait sans cesse rappeler que la vérité est relative.

Mot clé

Le **dogmatisme** est le fait de défendre une thèse sans accepter qu'on puisse la critiquer.

- La vérité est relative au sujet qui l'énonce. C'est la thèse des sophistes, comme Protagoras, qui affirme que « l'homme est la mesure de toute chose. » L'homme n'a pas accès à ce que sont les choses indépendamment de la façon dont il les perçoit. Par exemple, le vent n'est ni chaud ni froid en soi : tout dépend de la personne qui le perçoit. Dans cette perspective, il faut renoncer à l'idée d'une vérité absolue.

À noter

On appelle **sophistes** les philosophes de l'Antiquité, spécialistes de rhétorique, qui passaient de cité en cité pour enseigner l'art de persuader. Ils prônaient la relativité de la vérité FICHE 29.

- La vérité est aussi relative à la culture de celui qui parle. Montaigne dans son essai « Des cannibales » montre que, si nous sommes choqués par certaines pratiques comme le cannibalisme, c'est parce que nous ne partageons pas la culture dans laquelle cette pratique a un sens. On appelle cette tendance à considérer que sa propre culture est la norme l'ethnocentrisme.

II Les limites du relativisme

- Pourtant, le relativisme pose problème. Il conduit à admettre que toutes les opinions se valent, sans qu'on puisse dégager un critère qui permette de les évaluer. Faut-il renoncer à distinguer la science de la simple opinion FICHE 48 ?

- La volonté d'être tolérant risque de dissoudre l'idée même de vérité, si elle va jusqu'à admettre la possibilité pour chacun de penser ce qu'il veut. Ainsi, le relativisme semble **mener au scepticisme**.

- C'est pourquoi Platon s'oppose aux sophistes, et notamment à Protagoras. **Le langage prouve que la vérité n'est pas relative**. Un mot permet de désigner différents objets. Cela implique que tous partagent une même essence. Par exemple, le mot « arbre » implique qu'il y a un point commun entre tous les objets désignés par ce mot, indépendamment du fait que les hommes trouvent ces arbres grands ou petits, beaux ou laids ▶ FICHE 30.

- Platon illustre cette thèse par l'**allégorie de la caverne** dans *La République*. La caverne représente le règne de l'apparence et de l'opinion. Chercher la vérité implique de remettre en cause ces apparences et de s'élever, par degrés, à la connaissance des essences ▶ FICHE 48.

III Rechercher la vérité

- Cette critique du relativisme montre que la vérité n'est pas saisie immédiatement, mais qu'elle implique un travail de recherche pour nous détacher de nos croyances immédiates. Tel est le travail du scientifique, du philosophe, mais aussi de l'enquêteur, du juge, qui doivent tous se méfier de leur subjectivité.

- Des **protocoles** permettent de passer d'une opinion subjective à une connaissance objective. Un juge confronte divers témoignages ; un scientifique invente des procédés réguliers de mesure. Grâce à un outil et à une échelle de mesure, il va construire un objet qui ne dépendra pas de la perception individuelle.

- Mais dire que la vérité est absolue n'implique pas de nier le **caractère relatif de la science**. Raymond Aron montre que les moyens utilisés par les hommes pour saisir la vérité absolue sont toujours inscrits dans une histoire et susceptibles d'être discutés.

L'ESSENTIEL

Peut-on dire « à chacun sa vérité » ?

- **Protagoras :** il n'existe aucune vérité absolue ; tout est relatif
- **Platon :** le langage prouve que la vérité n'est pas relative

La vérité n'est-elle qu'un idéal ? 65

☐ OK

La difficulté à atteindre la vérité peut conduire l'homme à douter de sa réalité. Faut-il vraiment rechercher la vérité ou au contraire trouver une forme de sagesse en y renonçant ?

I La vérité : un idéal inaccessible ?

1 Le scepticisme

- Si l'on définit la vérité comme l'adéquation entre le discours et la réalité, alors atteindre la vérité suppose un moyen de vérifier si ce que l'on dit correspond bien à la réalité en soi. Les sceptiques comme Sextus Empiricus considèrent que **l'homme ne peut pas atteindre la vérité**, dans la mesure où ni sa raison, ni ses sens ne lui permettent de saisir la réalité telle qu'elle est.
- Cette thèse a des implications morales. Ce qui rendrait l'homme malheureux, ce n'est pas le doute mais le fait de croire posséder la vérité. **Suspendre son jugement** permettrait donc à l'homme d'être heureux.

2 Les limites du scepticisme

Pour Aristote, un scepticisme intégral conduit non seulement à l'**inaction**, car toute action implique une croyance qui la motive, mais aussi au **silence**, dans la mesure où dire quelque chose implique toujours une affirmation. Ainsi, le scepticisme se nie lui-même. Il semble donc nécessaire de ne pas abandonner l'idéal de vérité ▶ FICHE 48.

II La vérité : une valeur parmi d'autres ?

- La vérité est un idéal en ce qu'il paraît légitime de la rechercher. Atteindre la vérité est donc un objectif porteur de sens.
- La vérité est ainsi une valeur importante, d'un point de vue individuel et collectif. Mais n'entre-t-elle pas en conflit avec d'autres valeurs importantes ?

> **À noter**
> Le terme d'**idéal** est ambigu, car il désigne tantôt ce que l'on ne peut pas atteindre, tantôt ce que l'on doit poursuivre.

1 Vérité et politique

- Certes, la vérité est une valeur importante en politique : on attend des hommes politiques qu'ils disent la vérité, des citoyens qu'ils se tiennent informés de l'actualité. Mais dans la mesure où l'activité politique engage des décisions quant à l'avenir, la politique ne saurait se réduire à une science.

- C'est pourquoi l'efficacité d'un discours importe plus que sa vérité pour les sophistes. La politique n'est pas la simple mise en œuvre d'une vérité préalablement dégagée. Elle implique des convictions qui ne sont pas de l'ordre de la connaissance.

- Pourtant, la constitution d'un espace public implique des débats dont l'horizon est toujours la vérité. Pour Arendt, si la vérité n'est pas la seule valeur qui compte en politique, elle revêt toutefois une importance considérable pour distinguer les différentes opinions. « Respecter la vérité factuelle » est une condition du débat.

À noter

Pour Alain, il faut s'interroger sur la vérité des discours des acteurs publics. Si le citoyen doit obéir aux pouvoirs, il doit cependant aussi s'en méfier.

2 Vérité et bonheur

- Dans la mesure où la recherche de la vérité implique un effort, elle semble s'opposer au bonheur individuel. Pourquoi chercher la vérité si celle-ci vient déranger mon confort ? En ce sens, l'illusion paraît plus douce que l'effort à fournir pour atteindre la vérité ▶ FICHE 6.

- Kant montre que la recherche de la vérité est aussi un effort d'émancipation de toutes les tutelles illégitimes qui prétendent dicter à l'individu sa conduite ou sa pensée. Il s'agit de sortir d'un état de minorité dont nous sommes nous-mêmes responsables, par paresse ou par lâcheté. Ainsi, la vérité est un idéal au sens où les hommes doivent sans cesse la chercher pour être véritablement libres.

L'ESSENTIEL

La vérité n'est-elle qu'un idéal ?

- **Sextus Empiricus :** « À tout argument s'oppose un égal argument », de sorte que **les hommes ne peuvent pas atteindre** la vérité
- **Aristote :** un scepticisme intégral condamnerait à l'inaction et au silence ; la vérité est toujours **l'horizon** de notre volonté de connaître
- **Kant :** la vérité est **un idéal** auquel l'homme doit conformer ses actes pour être vraiment libre

Pourquoi dire la vérité ?

66

☐ OK

Dès l'enfance, on nous apprend à dire la vérité et on exige que nous n'y contrevenions pas. Mais d'où vient la nécessité de dire la vérité ? En quoi la vérité serait-elle supérieure au mensonge ?

I Un commandement sacré ?

1 Un impératif religieux

- La nécessité de dire la vérité se présente souvent comme un impératif sacré, qu'il ne faut pas remettre en question. En atteste le neuvième commandement de l'Ancien Testament : « Tu ne porteras pas de faux témoignage contre ton prochain. » Dans les monothéismes, Dieu est identifié à la vérité, et le mensonge à ce qui détourne l'homme de Dieu.
- La Renaissance a connu un vif débat autour de la question suivante : une société d'athées est-elle possible ? La plupart considérait que le respect d'un certain nombre de règles venait essentiellement de la religion et de la crainte de Dieu. Dès lors, une société d'athées semblait difficile à imaginer. De nombreux théologiens étaient persuadés que les hommes mentiraient sans honte en l'absence de toute religion.

2 Une obligation existentielle

- Simone Weil montre qu'être un homme implique des obligations qui ne dépendent pas de faits ou de conventions, mais qui renvoient à « la destinée éternelle de l'homme ». Parmi ces obligations, « le besoin de vérité est plus sacré qu'aucun autre [besoin de l'âme]. »
- Cette nécessité d'échapper à l'erreur et à la suggestion passe par des institutions qui permettraient de garantir la vérité de ce qui est écrit, dans la presse notamment. On passe ainsi d'une exigence existentielle à un problème social.

II Une obligation sociale ?

- Dire la vérité renvoie à une exigence sociale. C'est la condition de la confiance mutuelle entre les membres et, par suite, de la vie en société.
- Dans *Le Gai Savoir*, Nietzsche interroge la volonté de vérité. Habituellement nous considérons qu'il est rationnel de préférer la vérité à l'erreur ou au mensonge. Mais qu'en est-il du désir de vérité ?

- Pour Nietzsche, la recherche de la vérité renvoie à la volonté de ne pas tromper les autres, ce qui fait de la vérité une obligation sociale et un principe moral. Ainsi, ce désir de vérité est **problématique**, car les hommes le considèrent comme rationnel sans nécessairement voir les exigences sociales sur lesquelles il repose.

À noter

Le conte « Le garçon qui criait au loup » illustre cette thèse : un enfant, qui s'amuse à **crier au loup** alors qu'il n'y a aucun danger, finit par perdre la confiance des villageois, qui ne viennent pas le secourir le jour où le danger se présente vraiment.

III Un principe moral ?

- C'est en tant que nous avons des devoirs à l'égard des autres hommes que nous devons dire la vérité. Pour Kant, la moralité d'une action dépend de la qualité de son **intention**. Ai-je agi dans le seul but de faire mon devoir, de telle sorte que la maxime de mon action puisse être universelle ? Dire la vérité est donc un principe moral, car le mensonge ne peut pas être universalisé ▶ FICHE 13.
- Benjamin Constant s'oppose à la thèse de Kant, non pas pour nier le fait que dire la vérité soit un devoir moral, mais pour **nuancer son caractère absolu**. D'une part, dire la vérité est un principe moral qui peut entrer en conflit avec d'autres principes moraux, comme la protection de la vie d'autrui. Dès lors, le sujet doit hiérarchiser ces différents principes en fonction de la situation dans laquelle il se trouve. D'autre part, tout devoir implique un droit. Autrement dit, nous ne devons pas la vérité à tous, mais seulement à ceux qui y ont droit.

L'ESSENTIEL

Pourquoi dire la vérité ?

- **Simone Weil :** pour réaliser la destinée naturelle de l'homme
- **Nietzsche :** pour répondre à une construction sociale qui n'est pas nécessairement rationnelle
- **Kant :** pour agir moralement

Quiz EXPRESS

67

Avez-vous bien révisé les fiches 64 à 66 ? On vérifie !

La vérité

1 Peut-on dire « à chacun sa vérité » ?

FICHE 64

1. Le dogmatisme désigne...

- ☐ **a.** le fait de ne pas croire ce qu'on dit soi-même.
- ☐ **b.** le fait de ne jamais vouloir remettre en cause une idée.
- ☐ **c.** un phénomène qui peut conduire à l'intolérance.

2. Le relativisme est une théorie philosophique...

- ☐ **a.** prônée par Platon. ☐ **b.** prônée par Protagoras.
- ☐ **c.** selon laquelle il faut se moquer de tout pour être heureux.
- ☐ **d.** selon laquelle il n'existe pas de vérité absolue.

2 La vérité n'est-elle qu'un idéal ?

FICHE 65

1. Aristote critique la thèse des sceptiques, car...

- ☐ **a.** elle empêche toute action.
- ☐ **b.** les sceptiques ne sont pas des gens convenables.

2. Pour les sophistes, un discours doit...

- ☐ **a.** être vrai. ☐ **b.** être efficace.
- ☐ **c.** persuader le plus grand nombre.

3 Pourquoi dire la vérité ?

FICHE 66

1. Complétez le texte avec les mots qui conviennent.

Dire la vérité est un devoir …………, car les textes religieux le recommandent. Mais dire la vérité est aussi un besoin …………, car chacun veut la dire pour respecter sa conscience. Dans la mesure où la société attend que chacun de ses membres dise la vérité, elle est une obligation ………… Bien plus, son caractère universel montre qu'elle est un principe …………

2. Pour Simone Weil, dire la vérité...

- ☐ **a.** renvoie à un besoin naturel de l'homme.
- ☐ **b.** implique la création d'institutions qui le permettent.

CORRIGÉS

1 Peut-on dire « à chacun sa vérité » ?

1. **Réponses b et c.** Le dogmatisme est le refus de remettre en cause une thèse, ce qui peut conduire à des attitudes intolérantes.

2. **Réponses b et d.** Le relativisme, défendu par les sophistes parmi lesquels Protagoras, soutient que la vérité est toujours relative.

À noter

La **thèse relativiste** est souvent mise en jeu dans les débats contemporains : peut-on tout tolérer ?

2 La vérité n'est-elle qu'un idéal ?

1. **Réponse a.** Dans la mesure où toute action implique une croyance préalable, un scepticisme intégral pour Aristote conduirait à l'inaction complète.

2. **Réponses b et c.** Un discours ne saurait être dit vrai ; il doit donc être efficace et entraîner l'adhésion du plus grand nombre de personnes possible.

3 Pourquoi dire la vérité ?

1. Dire la vérité est un devoir sacré, car les textes religieux le recommandent. Mais dire la vérité est aussi un besoin existentiel, car chacun veut la dire pour respecter sa conscience. Dans la mesure où la société attend que chacun de ses membres dise la vérité, elle est une obligation sociale. Bien plus, son caractère universel montre qu'elle est un principe moral.

2. **Réponses a et b.** Pour Simone Weil, dire la vérité est une obligation liée à la nature humaine, mais elle passe par des institutions qui en garantissent le respect.

*FLASH*CARDS

68

Mémorisez les idées clés des fiches 1 à 31

1

Pour Kant, l'art est-il moral ?

FICHE 3

2

Que signifie l'ataraxie chez Épicure ?

FICHE 5

3

Comment Husserl nomme-t-il l'acte d'ouverture de la conscience au monde ?

FICHE 9

4

Qu'est-ce que l'impératif catégorique ?

FICHE 13

5

Comment Hobbes se représente-t-il l'état de nature ?

FICHE 16

6

Quels sont les deux sens du terme « justice » ?

FICHE 20

7

Qu'est-ce que le « surmoi » chez Freud ?

FICHE 25

8

Selon Bergson, pourquoi le langage ne peut-il pas tout dire ?

FICHE 30

RÉPONSES

Pour mieux ancrer les connaissances, découpez les cartes et jouez avec !

2

Chez Épicure, l'***ataraxis*** désigne l'**absence de troubles** de l'âme. Elle est rendue possible par l'élimination des craintes de la mort et des dieux.

1

Pour Kant, dans la mesure où **l'art est désintéressé**, il ne tient pas compte du bien et du mal. Il nous conduit néanmoins au **sens du devoir** moral, qui est lui-même désintéressé.

4

L'impératif catégorique est au cœur de la philosophie morale kantienne. Il désigne un devoir au sens absolu, qui **ne dépend pas des circonstances ni du résultat**, mais de l'intention et de la volonté droite.

3

Husserl nomme cet acte l'**intentionnalité**, signifiant par là qu'être conscient c'est se projeter vers les phénomènes pour les accueillir et les décrire au plus près.

6

La justice est à la fois :
- **une institution** douée du pouvoir judiciaire ;
- **un idéal** d'ordre et d'égalité qui guide l'action.

5

Hobbes se représente l'état de nature comme une **guerre perpétuelle entre les hommes**, qui cherchent sans cesse à accroître leurs biens, chacun disposant du même droit de les posséder.

8

À l'exception des noms propres, **les mots sont des étiquettes qui expriment des genres** : selon Bergson, la singularité des choses et des états d'âme est ainsi occultée.

7

Freud appelle « surmoi », dans sa seconde topique, l'**instance inconsciente qui intériorise les normes** et les interdits de sorte à refouler les désirs inconscients immoraux.

*FLASH*CARDS

Mémorisez les idées clés des fiches 32 à 67

69

1

Pour quel philosophe du XVIIe siècle le libre arbitre est-il une illusion ?

▶ FICHE 33

2

Pourquoi, selon Rousseau, la culture constitue-t-elle une dénaturation ?

▶ FICHE 36

3

Quelle est la différence entre foi et raison pour Ricœur ?

▶ FICHE 45

4

Quelles sont les quatre règles de la méthode cartésienne ?

▶ FICHE 48

5

Selon Marcuse, quels sont les effets politiques de la technique ?

▶ FICHE 53

6

Pourquoi, selon Hegel, l'oisiveté est-elle nocive pour l'homme ?

▶ FICHE 57

7

Qu'est-ce que la marchandisation du temps ?

▶ FICHE 62

8

Pourquoi chercher la vérité d'après Kant ?

▶ FICHE 65

RÉPONSES

Pour mieux ancrer les connaissances, découpez les cartes et jouez avec !

2

Selon Rousseau, la culture dénature l'homme en cela qu'**recouvre ses deux sentiments naturels** :
- l'amour de soi ;
- la pitié.

1

Pour Spinoza le libre arbitre est une illusion, car notre volonté est toujours déterminée.
La liberté consiste à agir en ayant conscience des causes qui nous déterminent.

4

Pour Descartes, les quatre règles de la méthode sont :
- l'**évidence** ;
- l'**analyse** ;
- l'**ordre** ;
- le **dénombrement**.

3

Pour Ricœur, la **raison** renvoie à des questions que l'homme se pose lui-même, tandis que la **foi** est la réponse à un appel que l'homme reçoit de quelqu'un d'autre.

6

Selon Hegel, l'oisiveté ne permet pas de connaître et de maîtriser les lois de la nature. **C'est le travail qui humanise l'homme** et rend l'esclave supérieur au maître.

5

La technique engendre selon Marcuse un **affaiblissement des institutions démocratiques**. Les individus obéissent moins à des décisions politiques qu'aux exigences d'appareils technologiques.

8

Pour Kant, la recherche de la vérité renvoie à une **volonté d'être libre et de penser par soi-même**. Elle est une exigence morale et implique une universalité.

7

D'après Baudrillard, la société de consommation fait du **temps** une marchandise comme les autres. Il **peut être échangé ou épargné**, et constitue la **valeur** même.

Achevé d´imprimer en Espagne par Grafo à Basauri
Dépôt légal: n° 06443-0/02 - Octobre 2022